DIREITO, POLÍTICAS PÚBLICAS E EDUCAÇÃO PROFISSIONAL

MATHEUS SILVEIRA DE SOUZA

Prefácio
Maria Paula Dallari Bucci

DIREITO, POLÍTICAS PÚBLICAS E EDUCAÇÃO PROFISSIONAL

4

Belo Horizonte

2023

© 2023 Editora Fórum Ltda.

É proibida a reprodução total ou parcial desta obra, por qualquer meio eletrônico, inclusive por processos xerográficos, sem autorização expressa do Editor.

Conselho Editorial

Adilson Abreu Dallari
Alécia Paolucci Nogueira Bicalho
Alexandre Coutinho Pagliarini
André Ramos Tavares
Carlos Ayres Britto
Carlos Mário da Silva Velloso
Cármen Lúcia Antunes Rocha
Cesar Augusto Guimarães Pereira
Clovis Beznos
Cristiana Fortini
Dinorá Adelaide Musetti Grotti
Diogo de Figueiredo Moreira Neto (*in memoriam*)
Egon Bockmann Moreira
Emerson Gabardo
Fabrício Motta
Fernando Rossi
Flávio Henrique Unes Pereira
Floriano de Azevedo Marques Neto
Gustavo Justino de Oliveira
Inês Virgínia Prado Soares
Jorge Ulisses Jacoby Fernandes
Juarez Freitas
Luciano Ferraz
Lúcio Delfino
Marcia Carla Pereira Ribeiro
Márcio Cammarosano
Marcos Ehrhardt Jr.
Maria Sylvia Zanella Di Pietro
Ney José de Freitas
Oswaldo Othon de Pontes Saraiva Filho
Paulo Modesto
Romeu Felipe Bacellar Filho
Sérgio Guerra
Walber de Moura Agra

FÓRUM
CONHECIMENTO JURÍDICO

Luís Cláudio Rodrigues Ferreira
Presidente e Editor

Coordenação editorial: Leonardo Eustáquio Siqueira Araújo
Aline Sobreira de Oliveira

Rua Paulo Ribeiro Bastos, 211 – Jardim Atlântico – CEP 31710-430
Belo Horizonte – Minas Gerais – Tel.: (31) 99412.0131
www.editoraforum.com.br – editoraforum@editoraforum.com.br

Técnica. Empenho. Zelo. Esses foram alguns dos cuidados aplicados na edição desta obra. No entanto, podem ocorrer erros de impressão, digitação ou mesmo restar alguma dúvida conceitual. Caso se constate algo assim, solicitamos a gentileza de nos comunicar através do *e-mail* editorial@editoraforum.com.br para que possamos esclarecer, no que couber. A sua contribuição é muito importante para mantermos a excelência editorial. A Editora Fórum agradece a sua contribuição.

Dados Internacionais de Catalogação na Publicação (CIP) de acordo com ISBD

S729d	Souza, Matheus Silveira de
	Direito, políticas públicas e educação profissional / Matheus Silveira de Souza. – Belo Horizonte : Fórum, 2023.
	194 p. ; 14,5cm x 21cm. – (Coleção Fórum Direito e Políticas Públicas ; v.4)
	Inclui bibliografia. ISBN: 978-65-5518-390-0 ISBN da coleção: 978-65-5518-447-1
	1. Direito. 2. Direito Público. 3. Direito educacional. 4. Políticas Públicas. 5. Direito e Políticas Públicas. 6. Direito Administrativo. 7. Educação. I. Título.
2022-1329	CDD: 341 CDU: 342

Elaborado por Vagner Rodolfo da Silva – CRB-8/9410

Informação bibliográfica deste livro, conforme a NBR 6023:2018 da Associação Brasileira de Normas Técnicas (ABNT):

SOUZA, Matheus Silveira de. *Direito, políticas públicas e educação profissional*. Belo Horizonte: Fórum, 2023. (Coleção Fórum Direito e Políticas Públicas, v. 4). 194 p. ISBN 978-65-5518-390-0.

Ao meu pai, Juraci Altino de Souza.

Era ele que erguia casas
Onde antes só havia chão.
Como um pássaro sem asas
Ele subia com as casas
Que lhe brotavam da mão
(...)
Mas ele desconhecia
Esse fato extraordinário:
Que o operário faz a coisa
E a coisa faz o operário.
De forma que, certo dia
À mesa, ao cortar o pão
O operário foi tomado
De uma súbita emoção
Ao constatar assombrado
Que tudo naquela mesa
– Garrafa, prato, facão –
Era ele quem os fazia
Ele, um humilde operário,
Um operário em construção.
Olhou em torno: gamela
Banco, enxerga, caldeirão
Vidro, parede, janela
Casa, cidade, nação!
Tudo, tudo o que existia
Era ele quem o fazia
Ele, um humilde operário
Um operário que sabia
Exercer a profissão.
Ah, homens de pensamento
Não sabereis nunca o quanto
Aquele humilde operário
Soube naquele momento!
(...)
E em cada coisa que via
Misteriosamente havia
A marca de sua mão.
(O operário em construção, Vinicius de Moraes)

SUMÁRIO

APRESENTAÇÃO DA COLEÇÃO
Maria Paula Dallari Bucci 13

PREFÁCIO
Maria Paula Dallari Bucci 15

INTRODUÇÃO 21

CAPÍTULO 1
A ABORDAGEM DIREITO E POLÍTICAS PÚBLICAS COMO MÉTODO 25
1.1 Políticas públicas e a efetivação dos direitos sociais 27
1.2 O Direito, as políticas públicas e as instituições 30
1.3 Apontamentos sobre a utilização da abordagem DPP 33
1.4 Diferentes espécies normativas e suas relações com as políticas públicas 35
1.5 As políticas públicas no Estado social 37
1.6 Separação entre política e políticas públicas: anotações críticas. 41

CAPÍTULO 2
ANÁLISE HISTÓRICA DA EDUCAÇÃO PROFISSIONAL NO BRASIL: MIRANDO O PASSADO PARA COMPREENDER O PRESENTE 45
2.1 Considerações sobre uma perspectiva histórica 45
2.2 A educação profissional na primeira república e a criação da Rede Federal de EPT 46
2.3 A educação profissional no Estado Novo 52
2.4 A ditadura militar e a profissionalização universal e compulsória no ensino de segundo grau 57
2.5 A Constituição de 1988 e a reorganização jurídica e institucional do Estado brasileiro 61

2.6	O Governo FHC e o Decreto nº 2208/97: a fragmentação do ensino médio e ensino profissional..	63
2.7	Conclusão do capítulo...	66

CAPÍTULO 3
SISTEMATIZAÇÃO DA BASE NORMATIVA DA EDUCAÇÃO
PROFISSIONAL E TECNOLÓGICA.. 69

3.1	O Decreto nº 5.154/2004 e o retorno da EPT integrada ao ensino médio	72
3.2	As alterações na LDB através da Lei nº 11.741/08.....................	77
3.3	A Lei nº 11.892/2008 e a criação dos institutos federais	80
3.3.1	A institucionalidade dos institutos federais.................................	82
3.3.2	O critério territorial dos institutos federais: fortalecimento das especificidades regionais...	85
3.3.3	Os institutos federais em números..	89
3.4	O Pronatec e a expansão da educação profissional.....................	93
3.4.1	Pronatec e a unificação dos programas de EPT...........................	96
3.4.2	O desenho jurídico institucional do Pronatec.............................	97
3.4.3	Pronatec e capacidades estatais...	100
3.4.4	O Pronatec e a oferta de educação profissional: entre o público e o privado	102
3.5	Sistema S e os serviços de aprendizagem	104
3.5.1	O acordo de gratuidade do sistemas	106
3.6	O Plano Nacional de Educação 2014-2024: metas de médio prazo para a EPT...	106
3.6.1	Meta 10: educação profissional integrada à educação de jovens e adultos	107
3.6.2	Meta 11: educação profissional integrada ao ensino médio........	111
3.7	Desregulamentação e precarização das relações de trabalho no governo Temer	112
3.8	Investidas contra a educação pública	117
3.9	Conclusão do capítulo..	121

CAPÍTULO 4
MUDANÇA POLÍTICA E PERMANÊNCIA INSTITUCIONAL 125

4.1	Compreendendo as instituições	128
4.2	Aportes sobre a dependência da trajetória	132
4.3	Mudança e permanência nas políticas de educação profissional e tecnológica	135

CAPÍTULO 5
INTERSECÇÕES ENTRE EDUCAÇÃO E TRABALHO: PRESSUPOSTOS DA EPT 139

5.1	Educação profissional e organização do trabalho	139
5.2	Fordismo e taylorismo: esteira de produção e controle rígido entre tempo e movimento	142
5.3	Toyotismo: diminuição do estoque e controle de qualidade	144
5.4	A organização do trabalho no Brasil contemporâneo: um breve retrato	146
5.5	Alterações no mundo do trabalho: a expansão do setor de serviços	149
5.6	Educação profissional e um novo perfil de trabalhador?	152
5.7	Trabalho intelectual e trabalho manual...	155
5.8	O trabalho como princípio educativo...	157
5.8.1	O trabalho no modo de produção capitalista...............................	159
5.9	A educação e o trabalho como elementos constitutivos do ser humano: um diálogo entre Paulo Freire e Álvaro Vieira Pinto ..	164
5.9.1	A educação como prática de liberdade	168
5.9.2	A funcionalidade da educação: uma resposta normativa	170
5.10	Educação como instrumento de emancipação? Limites e possibilidades...	171

CONCLUSÃO 175

REFERÊNCIAS... 181

APRESENTAÇÃO DA COLEÇÃO

A *Coleção Fórum Direito e Políticas Públicas* tem o objetivo de apresentar ao leitor trabalhos acadêmicos inovadores que aprofundem a compreensão das políticas públicas sob a perspectiva jurídica, com triplo propósito.

Em primeiro lugar, visa satisfazer o crescente interesse pelo tema, para entender os avanços produzidos sob a democracia no Brasil depois da Constituição de 1988. É inegável que as políticas públicas de educação, saúde, assistência social, habitação, mobilidade urbana, entre outras estudadas nos trabalhos que compõem a coleção, construídas ao longo de várias gestões governamentais, mudaram o patamar da cidadania no país. Certamente, elas carecem de muitos aperfeiçoamentos, como alcançar a população excluída, melhorar a qualidade dos serviços e a eficiência do gasto público, assegurar a estabilidade do financiamento e, no que diz respeito à área do Direito, produzir arranjos jurídico-institucionais mais consistentes e menos suscetíveis à judicialização desenfreada. O desmantelamento produzido pela escalada autoritária iniciada em meados dos anos 2010, no entanto, explica-se não pelas deficiências dessas políticas e sim pelos seus méritos – não tolerados pelo movimento reacionário. Compreender a estrutura e a dinâmica jurídica das políticas públicas, bem como a legitimação social que vem da participação na sua construção e dos resultados, constitui trabalho importante para a credibilidade da reconstrução democrática.

O segundo objetivo da coleção é contribuir para o desenvolvimento teórico sobre as relações entre Direito e Políticas Públicas. Publicando trabalhos oriundos de teses e dissertações de pós-graduação, constitui-se um acervo de análises objetivas de programas de ação governamental, suas características recorrentes e seus processos e institucionalidade jurídicos. Neles estão documentados os impasses inerentes aos problemas públicos de escala ampla, e estudadas algumas soluções ao mesmo tempo jurídicas e políticas, presentes em práticas de coordenação e articulação, seja na alternância de governo, nas relações federativas, ou na atuação intersetorial. Assim, sem perder a multidisciplinaridade característica dessa abordagem, valendo-se da bibliografia jurídica em cotejo com a literatura especializada, publica-se material de pesquisa empírica (não quantitativa) da qual se extraem os conceitos e relações que numa organização sistemática dão base para a teorização jurídica da abordagem Direito e Políticas Públicas. Com essa preocupação, a coleção também publicará trabalhos de alguns dos raros autores estrangeiros com obras específicas na área.

Finalmente, o terceiro objetivo da coleção é contribuir para a renovação teórica do direito público brasileiro, fomentando o desenvolvimento de uma tecnologia da ação governamental democrática, engenharia jurídico-institucional para o avanço da cidadania do Brasil. Isso permitirá ampliar a escala de experiências bem-sucedidas, inspirar melhores desenhos institucionais pela comparação com experiências similares, além de avançar na cultura da avaliação, agora positivada na Constituição Federal.

São Paulo, 22 de agosto de 2022.

Maria Paula Dallari Bucci

Professora da Faculdade de Direito da Universidade de São Paulo. Coordenadora da *Coleção Fórum Direito e Políticas Públicas* e do Grupo de Pesquisa Estado, Direito e Políticas Públicas.

PREFÁCIO

O livro *Direito, políticas públicas e educação profissional*, de Matheus Silveira de Souza, traz pelo menos duas contribuições importantes. A primeira é a enfocar o tema da educação profissional e tecnológica sob a perspectiva jurídica. Dada a qualidade do trabalho e a escassez de bibliografia jurídica sobre o tema, ele nasce como obra de referência, conforme observou a banca de defesa da dissertação de mestrado que lhe deu origem, composta de especialistas com a dupla característica de acadêmicos e dirigentes públicos experimentados na área, Professores Paulo Roberto Wollinger e Luís Fernando Massonetto, além de Clarisse Seixas Duarte, pesquisadora com extensa obra sobre o direito à educação.

A educação profissional e tecnológica vem gerando bibliografia recente e de boa qualidade, adotada como fundamento do trabalho. Mas no campo jurídico, a despeito do interesse em Direito Educacional, no contexto amplo dos direitos sociais, a educação profissional e tecnológica nunca mereceu um estudo aprofundado, lacuna que o livro de Matheus Silveira de Souza vem preencher, numa linguagem agradável e interessante, acessível aos leigos em Direito.

Possivelmente há razões históricas para isso. Conforme se apresenta no Capítulo 2, o ensino de ofícios é criado no século XIX, no Brasil, para atender os "desvalidos", e mesmo depois do impulso dado por Nilo Peçanha, em 1909, não se altera essencialmente a separação entre a educação da elite e os rudimentos formativos para os pobres. Embora a diferenciação de percursos educacionais não seja exclusividade brasileira – a educação alemã separa desde a adolescência os jovens com acesso à universidade dos que considera vocacionados à educação técnica –, entre nós esse aspecto historicamente veio a reforçar outras desigualdades. Além disso, a oferta dessa via de formação era muito acanhada até um passado recente.

Quando o governo decide revigorar significativamente a educação profissional e tecnológica, a partir de 2006, com a reorganização regulatória da oferta de cursos tecnológicos, por meio do Catálogo Nacional de Cursos Superiores em Tecnologia do MEC, e depois com investimentos massivos na criação e expansão da Rede de Institutos

Federais (Decreto nº 6.095/2007), o tema assume outro peso na agenda, ganhando visibilidade eleitoral que passa a ser disputada por outras forças políticas. Esse novo enfoque cria demanda de massa crítica, num universo ainda marcado pelo legado varguista, em que os empresários privados, em tese os maiores interessados na qualificação da força de trabalho, receberam do governo competências e instrumentos para gerenciar o ensino profissional, dando origem ao Sistema S, com resultados bastante limitados.

O livro é parte de esforço de compreensão do papel do ensino profissional e tecnológico pela dupla perspectiva da educação e do trabalho. Se ela pode significar o acesso dos jovens à cidadania pela inserção qualificada no mundo do trabalho, beneficia também o setor produtivo – e o país, como um todo – ao melhorar a principal condição para o aumento da produtividade: a formação das pessoas.

A segunda contribuição importante do livro é fazer essa reflexão nos marcos da abordagem Direito e Políticas Públicas,[1] buscando clareza metodológica para suas principais perguntas a respeito do papel do Direito como referência e instrumental para a realização de objetivos socialmente relevantes e politicamente determinados. A análise da educação profissional como tema aplicado presta-se à validação do método. Apoiado em pesquisa realizada pelo autor sobre o estado da arte da abordagem Direito e Políticas Públicas em âmbito internacional,[2] o texto é enriquecido com variada gama de autores desconhecidos pelo público brasileiro. Dentre esses, destaca-se William Clune, cuja obra foi redescoberta por Matheus, e agora, traduzida para o português, revela-se importante fonte teórica da abordagem Direito e Políticas Públicas.[3]

Cabe destacar, por fim uma reflexão bastante original explorada no trabalho, que serve como fio condutor, relativa à tensão entre mudança e permanência nas políticas públicas. Como dependem de

---

[1] Uma versão resumida do tópico sobre o método encontra-se publicada em BUCCI, Maria Paula Dallari; SOUZA, Matheus Silveira de. A abordagem Direito e Políticas Públicas: temas para uma agenda de pesquisa. *Sequência – Estudos Jurídicos e Políticos*, v. 43, p. 1-28, 2022.

[2] SOUZA, Matheus Silveira de; BUCCI, Maria Paula Dallari. O estado da arte da pesquisa em Direito e Políticas Públicas em âmbito internacional. Primeiras linhas de uma aproximação. *Revista Estudos Institucionais*, v. 5, n. 3, p. 833-855, 2019.

[3] CLUNE, William H. Um modelo político de implementação e suas implicações para as políticas públicas, a pesquisa e a mudança dos papéis do direito e dos juristas. *Revista Brasileira de Políticas Públicas*, v. 11, n. 1, p. 19-81, 2021; CLUNE, William H. Desintegração jurídica e uma teoria do Estado. *Revista de Investigações Constitucionais*, v. 8, n. 1, p. 107-133, jan./abr. 2021; CLUNE, William H. Direito e Políticas Públicas: mapa da área. *Revista de Direito Administrativo e Constitucional*, n. 86, p. 59-108, out./dez. 2021.

institucionalização, isto é, de elementos que confiram estabilidade e segurança para que os agentes envolvidos, cada um a seu modo, realizem o feixe de ações que proporcionará o resultado esperado, as políticas públicas necessariamente têm expressões jurídicas, leis e atos por meio dos quais o governo atua. Mas como se compatibilizam normas jurídicas impessoais, forjadas segundo a racionalidade jurídica liberal predominante, com disposições revestidas de propósitos políticos contingentes? Esse é um dos dilemas centrais da abordagem Direito e Políticas Públicas, que Matheus ilustra com competência no caso da educação profissional e tecnológica:

> Como o Estado Brasileiro articula suas instituições, sua base normativa e os seus arranjos institucionais para implementar a política pública de educação profissional e tecnológica? A análise da base normativa da EPT e das transformações em sua institucionalidade pode auxiliar na construção de uma resposta a esta questão. Ademais, é importante questionar se a correlação de forças políticas de diferentes conjunturas é determinante para a implementação das políticas públicas pesquisadas.
> Considerando que as políticas públicas de EPT analisadas perpassam diferentes governos, e estes, por sua vez, herdam uma materialidade institucional já existente, deve-se pontuar, desde logo, a questão que servirá de fio condutor deste livro: qual a relação entre mudança política e permanência institucional na formulação e implementação das políticas públicas? Como a institucionalidade previamente existente serve de mediação para a elaboração e implementação das políticas públicas pelos governos que tomam a frente do Estado por determinado período temporal?
> Em outras palavras, a permanência que toda instituição almeja – ao consolidar-se enquanto estrutura com o decurso temporal – e a mudança que todo novo governo aspira, ao tentar inserir sua marca e concretizar seus projetos políticos, formam uma verdadeira contradição, que será visualizada a partir das políticas públicas de educação profissional.

O mérito do livro é examinar como os meios jurídicos podem atuar, entrelaçados a condicionantes políticos e sociais que não se desenrolam linearmente, mas em marchas e contramarchas, para instrumentalizar as iniciativas governamentais voltadas a esse objetivo. Um jurista que saiba ler a realidade desse modo, identificando os nós entre Direito e Política, amplia muito a compreensão das possibilidades de ação.

São Paulo, 14 de setembro de 2022

Maria Paula Dallari Bucci
Professora da Faculdade de Direito da USP

INTRODUÇÃO

A Constituição de 1988 prevê o direito à educação no seu artigo 6º, ao lado da positivação dos demais direitos sociais, como saúde e moradia. O texto constitucional aborda a educação, detalhadamente, do artigo 205 a 214, oportunidade em que define os princípios, garantias, regime de colaboração e orçamentos vinculados que darão suporte ao referido direito.

Todavia, a positivação de um direito social na Constituição não é condição suficiente para que ele seja concretizado e produza efeitos práticos no cotidiano dos indivíduos, sendo necessárias, entre outras coisas, a formulação e a implementação de políticas públicas aptas a efetivar determinado direito. Assim, a concretização de um direito social não depende apenas de questões estritamente jurídicas, mas sobretudo de aspectos políticos.

No que tange ao nosso objeto de estudo, políticas de Educação Profissional e Tecnológica (EPT),[1] podemos encontrá-lo, de forma mediata, no art. 227 da Constituição, situado e vinculado a dois direitos sociais: a educação e o trabalho (art. 6º e 205 da CF). Se fosse possível decompor a política pública de educação profissional em partes menores com o intuito de detectar suas partículas constituintes, encontraríamos a educação e o trabalho. Se essa decomposição fosse realizada no âmbito estritamente jurídico, encontraríamos o direito à educação e o direito ao trabalho.

Ao mesmo tempo que a educação serve como um instrumento de capacitação das potencialidades cognitivas humanas, o trabalho figura como uma ferramenta por meio da qual homens e mulheres são

---

[1] Utilizaremos a sigla EPT como abreviação de educação profissional e tecnológica.

capazes de transformar a natureza, condicionando-a aos seus interesses e necessidades.

Para exemplificar a importância e proximidade desta discussão, basta o(a) leitor(a) olhar à sua volta e perceber quais dos objetos que está utilizando são frutos do trabalho humano. A cadeira em que se senta, a mesa em que se apoia, o celular pelo qual se comunica, as roupas que veste, o sapato que calça, o edifício que adentra, enfim, são todos frutos do trabalho humano. Nesse sentido, a fruição de tais objetos só é possível devido à conjugação da educação e do trabalho, tendo em vista que, enquanto a educação é um meio de transformação interna do ser humano, o trabalho é um meio de transformação externa do mundo em que o ser humano está inserido.[2] Dito de outra forma, o trabalho e a educação permitem que o ser humano transforme a ordem natural em ordem social.

Trazendo a análise para a dimensão fática e buscando sublinhar a importância do atual objeto de estudo para o Estado, aponta-se que houve uma expansão significativa do ensino profissional e tecnológico no Brasil a partir de 2003, com a retomada da construção de Escolas Técnicas. Para dimensionar esse crescimento, destaca-se que, de 1909 a 2002, foram construídas 140 Escolas Técnicas no país. Entre 2003 e 2016, o Ministério da Educação concretizou a construção de mais de 422 novas unidades referentes ao plano de expansão da educação profissional, totalizando 562 *campi* em funcionamento.[3]

A partir desse pano de fundo, podemos inferir uma questão que perpassará a presente pesquisa em diversos momentos: como o Estado brasileiro articula suas instituições, sua base normativa e os seus arranjos institucionais para implementar a política pública de educação profissional e tecnológica? A análise da base normativa da EPT e das transformações em sua institucionalidade pode auxiliar na construção de uma resposta a esta questão. Ademais, é importante questionar se a correlação de forças políticas de diferentes conjunturas é determinante para a implementação das políticas públicas pesquisadas.

Considerando que as políticas públicas de EPT analisadas atravessam diferentes governos, e que estes, por sua vez, herdam uma

---

[2] A concepção que adotamos de educação e trabalho é menos estática e mais dialética, considerando que o trabalho também realiza transformações internas ao próprio ser humano e que a educação é determinante para as transformações externas do mundo social. Entretanto, para fins didáticos, torna-se válido o conceito utilizado.

[3] BRASIL, 2017.

materialidade institucional já existente, deve-se pontuar, desde logo, a questão que servirá de fio condutor deste livro: qual a relação entre mudança política e permanência institucional na formulação e implementação das políticas públicas? Como a institucionalidade previamente existente serve de mediação para a elaboração e a implementação das políticas públicas pelos governos que tomam à frente do Estado por determinado período temporal?

Em outras palavras, a permanência que toda instituição almeja – ao consolidar-se enquanto estrutura com o decurso temporal – e a mudança a que todo novo governo aspira, ao tentar inserir sua marca e concretizar seus projetos políticos, formam uma verdadeira contradição, que será visualizada a partir das políticas públicas de educação profissional. Após delimitar as questões que perpassam a pesquisa, cumpre destacar, brevemente, os assuntos analisados nos cinco capítulos que compõem este livro.

No primeiro capítulo explicita-se a abordagem Direito e Políticas Públicas (DPP), enquanto pressuposto metodológico utilizado para a análise do objeto de estudo em questão. Nessa parte, analisa-se a relação entre aspectos jurídicos e políticos na implementação de ações governamentais,[4] compreendendo as normas jurídicas como a cristalização da disputa entre interesses divergentes, ou seja, como um reflexo da correlação de forças existente na sociedade.

A relação entre Direito, políticas públicas e instituições também é descrita no primeiro capítulo, considerando as diferentes instituições envolvidas na formulação e implementação de uma ação governamental, bem como a relevância do arranjo institucional para a maior ou menor efetividade de uma política pública. Se a implementação de ações governamentais depende da disputa política, essa disputa não ocorrerá no vazio, mas a partir de determinadas arenas desenhadas institucionalmente, com diferentes pontos de veto aptos a restringir a atuação de atores políticos. Essa discussão evidencia uma das funcionalidades da abordagem DPP, a análise do Direito não de forma isolada, mas inserida em um contexto político e institucional específico.[5]

No Capítulo 2, faremos uma breve análise da história da educação profissional no Brasil, a fim de visualizar as transformações da EPT

---

[4] No decorrer do livro, utilizaremos a expressão "ação governamental" como sinônimo de políticas públicas.
[5] BUCCI; COUTINHO, 2017.

ao longo dos anos. Tal perspectiva tem o objetivo de captar características do passado que ainda emitem reflexos no contexto educacional presente, e que por isso podem ajudar a responder questões atuais. A análise histórica da EPT desvela algumas contradições que permearam sua criação, tais como: I) a distribuição de diferentes educações para distintas classes sociais; II) a preocupação com a qualificação da força de trabalho, no início do século XX, para suprir as demandas de um país que começava a se industrializar.

No Capítulo 3, busca-se identificar e destrinchar a base normativa que regulamenta a educação profissional, a fim de visualizar as potencialidades da educação profissional a partir dos instrumentos jurídicos que a regulam. No mesmo capítulo, analisam-se os arranjos institucionais que formam as políticas de EPT, com o propósito de desvelar os mecanismos de articulação institucional que auxiliam no funcionamento da educação profissional no país.

No capítulo seguinte, desenvolve-se uma discussão sobre a permanência institucional e a mudança política, considerando os diferentes governos que passaram pelo Estado e que precisaram lidar com uma institucionalidade herdada do passado para concretizarem seus projetos de política pública de EPT. Isso porque o governo eventualmente eleito herdará uma materialidade institucional que restringirá ou ampliará suas ações políticas. Assim, conforme apontado anteriormente, busca-se compreender a relação entre permanência institucional e mudança política, ou, em outras palavras, como a mudança política atua na institucionalidade quando esta pretende se consolidar, e, do mesmo modo, como o ímpeto de mudança política dos governantes frequentemente é freado pela permanência das instituições, que impõe limites à ação política. Este capítulo é essencial para a pesquisa, considerando que explicita uma questão que atravessa todo o livro: qual a relação entre mudança política e permanência institucional na formulação e implementação das políticas públicas?

No capítulo final, serão analisadas as intersecções existentes entre educação e trabalho, considerando-os enquanto pressupostos da educação profissional. Nessa parte, discutiremos as mudanças ocorridas na organização do trabalho – passando pelo fordismo, taylorismo e toyotismo – analisando como a reorganização produtiva demanda um novo perfil de trabalhador. Fatores como a expansão do setor de serviços em detrimento da indústria e da manufatura são essenciais para a compreensão da força de trabalho que será qualificada pelas políticas públicas de educação profissional. A inserção de novas tecnologias no sistema produtivo, o crescimento do trabalho informal, a difusão de aplicativos de serviços, o desmonte dos direitos sociais e a noção dos trabalhadores como empreendedores de si mesmos devem ser consideradas para a construção dessa análise. Ainda nessa parte, destaca-se que a mudança no padrão de acumulação capitalista – com a ascensão do neoliberalismo – demanda outro perfil de trabalhador e engendra um novo horizonte ideológico.

A respeito da intersecção entre educação e trabalho, abordaremos a especificidade do trabalho enquanto ação especificamente humana, capaz de transformar a natureza de acordo com as necessidades dos homens e mulheres. Nessa parte, estabelecemos um diálogo entre Paulo Freire e Álvaro Vieira Pinto, em vista da discussão que os autores realizaram sobre a função da educação e do trabalho para a transformação do mundo natural em mundo cultural. O trabalho e a educação, entretanto, não são apenas ideias abstratas, mas possuem especificidades e características próprias, a depender do modo de produção em que estão inseridos. Assim, ganham contornos específicos no modo de produção capitalista.

Antes de adentrar no capítulo inicial, é oportuno fazer um apontamento em nível metodológico. As pesquisas que buscam analisar as políticas públicas costumam optar por um dos três recortes possíveis, correspondentes a diferentes fases de uma política: a) formulação da política pública; b) implementação; c) avaliação. Assim, embora saibamos que o ciclo das políticas é uma ferramenta didática, a escolha por uma destas fases acaba contribuindo com a delimitação do objeto.

Da perspectiva da análise jurídica das políticas públicas, podemos sublinhar a contribuição de Bucci,[6] que destaca a possibilidade de analisá-la por três aproximações diversas: a) análise macroinstitucional (ação governamental visualizada a partir do Estado e da política enquanto *politics*); b) mesoinstitucional (análise dos desenhos jurídicos institucionais que conformam a política pública); c) visão microinstitucional (abordar a ação governamental em si, enquanto política pública que busca lançar mão de processos e articulações para a solução de problemas socialmente relevantes). As três aproximações descritas, bem como os três recortes do parágrafo anterior, podem ser combinados,

---
[6] BUCCI, 2013.

sendo possível analisar, por exemplo, a implementação de uma política pública a partir de uma perspectiva mesoinstitucional.

Embora existam essas seis possibilidades de análise do objeto de pesquisa, o presente trabalho optou por não escolher se debruçar especificamente em apenas uma dessas durante o seu desenvolvimento. Em sentido diverso, algumas vezes olhamos para a educação profissional a partir da sua implementação no Brasil, e outras visualizamos o contexto político que envolveu a formulação dessa política pública, bem como a sua entrada na agenda governamental. No decorrer do trabalho, determinadas análises abordam tanto a ação governamental em si quanto os seus arranjos institucionais. Portanto, se em alguns momentos miramos com maior distância a EPT, enxergando as disputas políticas que consolidaram sua normatividade, em outros ganhamos maior proximidade para desvelar as especificidades que envolvem essa política pública setorial.

CAPÍTULO 1

A ABORDAGEM DIREITO E POLÍTICAS PÚBLICAS COMO MÉTODO[7]

Este livro possui como pressuposto metodológico a abordagem Direito e Políticas Públicas (DPP), pois busca construir uma análise que leve em conta a imbricação existente entre o componente jurídico e o componente político que permeia a política pública de EPT. Desse modo, torna-se relevante discorrer sobre as especificidades da abordagem DPP, que será utilizada no decorrer da pesquisa.

As políticas públicas surgiram inicialmente como uma ramificação da ciência política, especialmente nos EUA, a partir de estudos sobre a ação dos governos, e paulatinamente passaram a ser objeto de pesquisa das demais áreas do conhecimento. A ascensão do Estado social e a difusão de condutas prestacionais criaram um solo fértil para o crescimento das políticas públicas – enquanto ação governamental destinada a atingir objetivos previamente determinados –, o que gerou a expansão das pesquisas sobre esse objeto de estudo pela comunidade acadêmica.

A pesquisa de políticas públicas no Direito surge internacionalmente, em maior volume, na década de 1980, com artigos de Willian Clune,[8] Neil Komesar,[9] Baxter,[10] entre outros. Ainda no âmbito internacional, mais especificamente na América Latina, é possível destacar

---

[7] Este capítulo é uma versão ampliada e modificada do artigo "A abordagem Direito e Políticas Públicas: temas para uma agenda de pesquisa", publicado na *Revista Sequência – Estudos Jurídicos e Políticos*, v. 43, 2022, em coautoria com a professora Maria Paula Dallari Bucci.
[8] CLUNE, 1983.
[9] KOMESAR, 1994.
[10] BAXTER, 1985.

a contribuição de Víctor Abramovich,[11] Laura Pautassi[12] e Gorki G. Mantilla[13] sobre as relações entre Direito e Políticas Públicas.

No Brasil, os primeiros estudos sobre o tema surgem no final da década de 1990, com artigos de Fabio Konder Comparato,[14] Maria Paula Dallari Bucci e Diogo Coutinho. Maria Paula Dallari Bucci inicia a sua pesquisa sobre o tema evidenciando os pontos de contato entre o Direito Administrativo e as políticas públicas e apontando o caráter tradicionalmente estático daquele para compreender as tarefas de coordenação do Estado.[15] Sobre as contribuições da autora, podemos assinalar, sem pretensão de esgotá-las, as seguintes: a) a pesquisa sobre a possibilidade da delimitação de um conceito jurídico para as *policies*;[16] b) o quadro de referência para a análise do conteúdo político e jurídico de uma política;[17] c) a visualização das políticas públicas pelas perspectivas micro, meso e macroinstitucional;[18] d) os aportes de método para a análise jurídica das políticas públicas;[19] e) a formulação do desenho jurídico-institucional.

Diogo Rosenthal Coutinho também desenvolveu contribuições para a progressiva demarcação da abordagem Direito e Políticas Públicas. Destacamos a seguir, de forma não exaustiva, algumas de suas contribuições: a) o conceito de tecnologia jurídica;[20] b) a noção de engenharia reversa;[21] c) as diferentes funções do Direito na relação com as políticas públicas: Direito como objetivo, arranjo institucional, caixa de ferramentas e vocalizador de demandas;[22] d) os gargalos jurídico-institucionais. Em 2017, Bucci e Coutinho produziram um artigo em que discutem a importância da categoria de análise dos arranjos jurídico-institucionais nas políticas de inovação e tecem considerações sobre a abordagem Direito e Políticas Públicas.[23] Após realizar um breve

---

[11] ABRAMOVICH, 2006.
[12] PAUTASSI, 2009.
[13] MANTILLA, 2010.
[14] COMPARATO, 1997
[15] BUCCI, 2002.
[16] BUCCI, 2006.
[17] BUCCI, 2016b.
[18] BUCCI, 2013.
[19] BUCCI, 2013.
[20] COUTINHO, 2013.
[21] COUTINHO, 2016.
[22] COUTINHO, 2013.
[23] BUCCI; COUTINHO, 2017.

estado da arte sobre a abordagem DPP, podemos passar à discussão de algumas problemáticas que evidenciam a conexão entre o Direito e as políticas públicas.

1.1 Políticas públicas e a efetivação dos direitos sociais

Se algumas décadas atrás uma das grandes preocupações dos juristas se concentrava na justificação dos direitos fundamentais, atualmente se pode afirmar que o desafio foi deslocado do campo da justificação para o da efetivação. Mais exatamente, não basta justificar um direito fundamental na doutrina jurídica sem garantir que esse direito produza efeitos práticos na vida dos indivíduos.

Desse modo, ganha relevância o desenvolvimento de mecanismos eficientes para a concretização dos direitos sociais, tendo em vista que a mera positivação destes não lhes garante, necessariamente, efetividade. É nessa perspectiva que Norberto Bobbio aponta que: "(...) o problema fundamental em relação aos direitos do homem, hoje, não é tanto o de justificá-lo, mas o de protegê-los. Trata-se de um problema não filosófico, mas político."[24] A previsão de direitos sociais em diplomas jurídicos desvinculados da criação das condições materiais necessárias à sua concretização se aproxima de um fetichismo legal, que carrega como horizonte máximo a positivação de direitos, a despeito da sua concretização.

Joaquim Herrera Flores, ao elaborar sua teoria crítica dos direitos humanos, afirma que esses não são "meras declarações de boas intenções ou postulados metafísicos". A análise de Flores é útil para pensarmos os direitos sociais como a criação de "condições materiais e acesso a bens que permitam uma vida digna".[25] Em outras palavras, não basta declarar direitos sem disponibilizar os meios necessários para satisfazê-los. Qual seria, então, o papel das políticas públicas nesse debate?

As políticas públicas podem servir como uma espécie de ponte, uma vez que deslocam os direitos sociais de seu espaço abstrato para lhes garantir materialidade, ainda que de forma relativa, a partir da sua implementação. Ao estabelecer um *fim* que deve ser alcançado e uma solução para determinado problema social, as políticas públicas

---

[24] BOBBIO, 2004, p. 16.
[25] HERRERA FLORES, 2009, p .20.

devidamente estruturadas explicitam os *meios* necessários para que se possa alcançar o fim socialmente relevante estabelecido anteriormente.

A apropriação do conceito de políticas públicas pelo direito cria uma inovação para a noção de esquema normativo, composto pela lógica "se-então", para ser complementada pela ideia de normas vinculadas a objetivos, na lógica "fim-meio".[26] Tradicionalmente as condutas jurídicas são pautadas pelo seguinte esquema: "se" o sujeito praticar a conduta, "então" receberá a sanção.

A abordagem Direito e Políticas Públicas permitiria um novo olhar sobre esse esquema, estabelecendo um "fim" a ser alcançado pelo Estado e, conjuntamente, o "meio" que o Estado deverá trilhar para atingir esse fim. A ação governamental, portanto, deve explicitar os processos, procedimentos e recursos necessários para a consecução do objetivo que pretende atingir. O desenho jurídico institucional garante estruturação às ações governamentais, permitindo que o Estado construa mecanismos efetivos para o alcance dos fins almejados pela política pública.

Entretanto, a concretização de direitos sociais e a implementação de políticas públicas dependem menos de uma doutrina jurídica bem organizada e mais da composição de interesses políticos que disputam entre si para concretizar ou flexibilizar direitos sociais e, consequentemente, políticas públicas.[27]

Outro ponto de análise diz respeito às políticas públicas vinculadas à tripartição dos poderes. Se as normas da *policy* seguem a lógica "fim-meio", é possível discutir qual poder ficará responsável por elaborar o *fim* de uma ação governamental e qual ficará responsável por estabelecer os *meios* necessários para a sua implementação. De um modo geral, o Poder Legislativo costuma definir, a partir de sua competência constitucional, os *fins* da política, enquanto o Executivo se encarrega de definir os *meios* de implementação. Entretanto, a depender da iniciativa de lei responsável pela construção do arcabouço da ação governamental, essas funções podem ser intercambiáveis entre os poderes.

Caso os meios necessários para atingir determinado fim sejam mobilizados em desacordo com as regras e os princípios do próprio ordenamento jurídico, corre-se o risco de adotar um consequencialismo

---

[26] BOURCIER, 1993.
[27] Não ignoramos, todavia, que um bom domínio jurídico do assunto possui relevância no desenvolvimento de mecanismos de composição de interesses.

vulgar, que toma as consequências positivas de determinada política como o fim último a ser alcançado, independentemente de os meios utilizados estarem em desacordo com os parâmetros constitucionais.

Podemos indagar, ainda, se os meios utilizados para implementar a política pública devem ser estabelecidos apenas pelo Estado e por seu aparato burocrático, ou se devem ocorrer com alguma participação da sociedade civil. Pensar em políticas setoriais, como saúde e educação, envolve a elaboração de caminhos que possam ser permeáveis aos indivíduos que vivem cotidianamente com essas políticas. Os conselhos gestores de políticas públicas podem representar, ainda que de forma limitada, uma relativa permeabilidade do governo às demandas da sociedade civil. A criação de mecanismos de participação social e controle de implementação são relevantes para a consolidação de uma gestão democrática das políticas públicas.

Willian Clune, ao discutir questões similares, destaca a necessidade de a análise de políticas públicas dar mais atenção à participação e ao empoderamento dos cidadãos do que os modelos de implementação *top/down* ou *command control* costumam estabelecer. Assim, seria necessário pensar em uma ação centralizada por parte do governo que possa, paralelamente, estimular a ação autônoma dos indivíduos que serão beneficiários das políticas públicas.[28] Em outras palavras, garantir que as decisões que resultam na elaboração e implementação das políticas não ocorram apenas no topo da burocracia estatal, mas que sejam construídas, também, com a participação da sociedade civil.

O processo de elaboração do Plano Nacional de Educação pode ilustrar essa discussão. O PNE 2014-2024, política de Estado que estabelece os objetivos a serem perseguidos em âmbito estatal durante 10 anos, foi construído com intensa participação de setores da sociedade civil e de profissionais ligados à educação pública. Um exemplo disso foi a realização da Conferência Nacional de Educação 2010 (Conae), que elaborou um documento base para o Plano Nacional de Educação. Entretanto, ainda que haja fiscalização por setores da sociedade das metas do PNE 2014-2024, não há mecanismos jurídicos que vinculem e responsabilizem os governantes no sentido de atingirem as metas educacionais estabelecidas pelo Plano Nacional de Educação.

A criação de canais institucionais que garantam permeabilidade às demandas sociais também pode ser uma forma de garantir maior

---

[28] CLUNE, 2021.

permanência às políticas públicas. Aqui vale uma breve observação. A alternância governamental e a constante alteração normativa podem criar fatores de descontinuidade às políticas públicas. Garantir legitimidade social para a ação governamental, a partir de mecanismos institucionais que permitam a participação da sociedade civil na elaboração, implementação e fiscalização das políticas, pode representar um fator de maior resiliência às políticas diante de tentativas de desmontes e esvaziamentos por parte de governos. Assim, a participação popular na gestão das políticas não é apenas um fator de controle democrático ou *accountability*, mas também uma estratégia para consolidar a permanência de tais ações governamentais.

1.2 O Direito, as políticas públicas e as instituições

O neoinstitucionalismo – enquanto corrente teórica utilizada por parte dos pesquisadores da abordagem DPP – não se limita a investigar os atores políticos e sociais individualmente considerados, mas centraliza a visão nas instituições em que tais indivíduos estão inseridos e investiga as capacidades e os limites que esses arranjos institucionais criam para a elaboração e a implementação das políticas públicas. Entre as três correntes do neoinstitucionalismo, a abordagem DPP estabelece um diálogo, mais frequentemente, com o neoinstitucionalismo histórico.

A importância das instituições na análise de políticas públicas é explicitada no clássico texto de Ellen Immergut,[29] em que a autora demonstra como o desenho das instituições em cada país contribuiu de forma decisiva para o êxito – ou a falta dele – na consolidação de um seguro de saúde nos países analisados. A partir de um olhar sobre a arena de ação – arena executiva, parlamentar e eleitoral –, Immergut demonstra que os arranjos institucionais foram determinantes para a maior ou menor absorção das demandas de saúde pelo Estado.

Outros trabalhos destacam a centralidade das instituições, como o de Douglas North, que as define como "regras do jogo", ou seja, os parâmetros que ditarão os espaços nos quais ocorrerão as disputas políticas e, também, como ocorrerão tais disputas.[30] Paul Pierson utiliza o conceito de *path dependence* (dependência da trajetória), afirmando que as decisões tomadas no momento em que as instituições são formadas

---

[29] IMMERGUT, 1992.
[30] NORTH, 1990.

influenciam de maneira relevante no futuro funcionamento dessas, considerando o provável constrangimento criado pelas instituições que dificultaria eventuais mudanças em sua estrutura. Assim, a dependência da trajetória é relevante para delimitar a direção e o desenvolvimento posterior das instituições e das políticas públicas. Segundo Pierson, levar em conta a dependência da trajetória é dar atenção às dinâmicas que reforçam (*self-reinforcing*) os arranjos institucionais anteriormente postos, como também compreender os *feedbacks* positivos que ocorrem no sistema político.[31]

Uma das possibilidades de pesquisa consiste em analisar as limitações e possibilidades criadas para a política pública a partir de seu desenho jurídico-institucional, tendo em vista que a disposição de competências, relações intersetoriais, tarefas entre os gestores define boa parte do funcionamento da *policy* e diz muito sobre sua possibilidade de êxito.[32]

Diogo Coutinho faz algumas observações sobre a explicitação da institucionalidade de uma política pública. Nas palavras do autor, visualizar o Direito como arranjo institucional consiste em compreender que o "Direito define tarefas, divide competências, articula, orquestra e coordena relações intersetoriais no setor público e entre este e o setor privado".[33] Assim, a elaboração do desenho jurídico institucional vincula-se à ideia dos meios políticos e jurídicos necessários à efetivação de políticas públicas, dada sua capacidade de "possibilitar a integração de um conjunto complexo de normas, atores, processos e instituições jurídicas."[34]

Essa perspectiva permite ampliar a visão sobre a efetividade das políticas públicas, pois uma política eficaz não se faz apenas com uma produção legislativa sólida, em vista da necessidade da base normativa de se articular com atores governamentais e não governamentais, instituições e orçamento público.

Nesse sentido, é necessário potencializar a denominada imaginação institucional, não se limitando a reproduzir antigos modelos de instituições, mas também buscando, no conjunto histórico e social, o desencadeamento da capacidade de pensar novos arranjos institucionais,

---

[31] PIERSON, 2004
[32] BUCCI, 2017.
[33] COUTINHO, 2013, p. 13.
[34] BUCCI, 2017, p. 314.

em um novo contexto político, para a solução de problemas estruturais. Nesse ponto, não basta encaixar antigas soluções, elaboradas previamente, em problemas relativamente novos. É necessária, antes, a compreensão do problema e suas especificidades para o desenvolvimento de uma solução madura, que aponte caminhos a serem seguidos.

Contudo, considera-se a crítica de Boito[35] de que as instituições não estão apartadas do processo social e econômico, sendo pouco eficaz uma análise que considere as dinâmicas políticas de modo formal, como se essas produzissem efeitos independentemente da dinâmica social em que estão inseridas.

Se tradicionalmente o positivismo afirma que o Direito tem como objeto de estudo a norma jurídica, a abordagem DPP pode ampliar esse recorte metodológico, ao defender que as ciências jurídicas não estudam apenas a norma jurídica, mas também as instituições. Dessa forma, a própria norma jurídica só é criada por meio de instituições, as quais existem previamente, responsáveis pela atividade legiferante e pelo seu controle jurisdicional. Em outras palavras, há a necessidade de uma materialidade institucional do Estado como condição *sine qua non* para a produção de normas, sendo que esta materialidade é formada tanto pelas instituições quanto pelos procedimentos que as modelam. É nesse sentido que Santi Romano afirmou que "o direito são as normas e o que põe as normas".[36]

As instituições podem servir como ponto de conexão para um diálogo interdisciplinar entre o Direito e a ciência política, pois ambas as áreas do conhecimento as têm como objeto de estudo, cada qual iluminando determinados pontos do referido objeto. O componente jurídico pode ser identificado ao observarmos que o Direito é responsável por garantir existência formal às instituições, bem como por elaborar o seu desenho jurídico institucional.

Nesse ponto, uma das utilidades da abordagem DPP é evidenciar a capacidade do Direito de converter impulsos políticos em medidas despersonalizadas, possibilitando uma permanência institucional que transcende a existência dos atores políticos que a criaram.

Sobre o estudo das políticas públicas nos cursos jurídicos, é importante destacar alguns pontos. Não é raro que os estudantes de Direito comecem a análise de uma política pública prescrevendo como

---

[35] BOITO JR.; GALVÃO, 2012.
[36] ROMANO citado por BUCCI, 2013.

determinada ação governamental deveria funcionar. Essa inclinação se relaciona com o fato de que o curso de Direito costuma lidar com um pensamento normativo, declarar como as coisas deveriam ser, antes mesmo de descrever como elas são, focando o *mundo do dever-ser* e negligenciando o *mundo do ser*. A realização de disciplinas, por estudantes de Direito, em outras faculdades, como de Ciência Política ou Sociologia, evidencia esse contraste entre um pensamento descritivo e um pensamento normativo, dada a ânsia dos juristas em tentarem prescrever a solução de um problema antes mesmo de entender as determinações que o constituem.[37]

A abordagem DPP requer que os pesquisadores deem alguns passos atrás antes de formularem afirmações prescritivas. Isso posto, reitera-se a necessidade de identificar como o problema se apresenta na sociedade, de maneira fática, e como a política pública foi realmente implementada, de modo a detectar os eventuais gargalos que dificultam a sua efetividade. Em outras palavras, antes de afirmar como a ação governamental deveria ser, é necessário ter maior clareza de como ela é, considerando como o tema chegou à agenda governamental, quais foram suas estratégias de implementação, os atores sociais e governamentais envolvidos em tal chegada e a sua capacidade concreta de atingir os objetivos inicialmente propostos.

1.3 Apontamentos sobre a utilização da abordagem DPP

Umas das possibilidades de análise da política pública é visualizá-la pela perspectiva de ação governamental em escala.[38] O termo referido significa que as políticas públicas se preocupam com a resolução de problemas de, no mínimo, um conjunto de pessoas, e não com a pacificação de um problema individual. Dito de outro modo, enquanto o Direito tradicionalmente busca proteger interesses particulares, olhando para a justiça individual, a política pública preocupa-se com o bem estar de um grupo, de forma agregada,[39] considerando que essa nunca é construída para uma única pessoa, mas no mínimo para um grupo de pessoas. Embora algumas áreas do Direito estejam vinculadas à noção de bem estar coletivo, como o Direito Ambiental e

---

[37] BUCCI, 2019.
[38] BUCCI, 2019.
[39] CLUNE, 2021.

o Direito Constitucional, o próprio exercício da advocacia tende a se preocupar, tradicionalmente (mas não apenas), com o bem estar individual de um cliente.[40]

Outra característica determinante de uma política pública, segundo Bucci, é que ela envolve uma ação governamental coordenada e articulada, ou seja, demanda a atuação de múltiplos entes governamentais, a participação de atores externos ao governo, a coordenação entre diferentes níveis do Estado – federal, estadual e municipal –, grupos de interesse atuando nos três poderes, participação da sociedade civil, entre outros.[41]

Os diferentes atores que influenciam uma política pública, entretanto, possuem especificidades em relação a determinadas fases dessa política. Segundo Kingdon, o presidente da República possui maior capacidade para inserir determinado problema na agenda governamental, mas pouca influência na elaboração de soluções.[42] Em outro sentido, pesquisadores e acadêmicos, por exemplo, possuem pouca capacidade de colocarem um tema na agenda governamental e bastante influência e capacidade de elaborar alternativas que serão destinadas à solução do problema enfrentado pela ação governamental.

Segundo Bucci, a abordagem DPP deverá ser aplicada

> quando o pesquisador se deparar com uma questão jurídica cuja plena compreensão não possa ser separada dos elementos políticos, político-partidários, eleitorais, orçamentários, e assim por diante, provavelmente está indicada a abordagem de políticas públicas e seu método próprio se fará necessário.[43]

Assim, nem todo objeto de pesquisa deverá ser analisado com as lentes da abordagem DPP, considerando que certos temas serão mais bem contornados a partir da análise jurídica tradicional. Entretanto, temas que envolvam uma intensa imbricação entre Direito e política, arranjo institucional, entre outras questões, podem ser mais bem compreendidos a partir da abordagem referida.

Maria Paula Dallari Bucci e Diogo Coutinho assinalam as funcionalidades da abordagem DPP:

---

[40] CLUNE, 2021.
[41] BUCCI, 2019.
[42] KINGDOM, 1984.
[43] BUCCI, 2019.

Ela permite compreender o direito "em ação" nas políticas públicas (superando, desse modo, uma abordagem meramente descritiva, estática e formal do elemento jurídico) e, por conta disso, não o isola ou disseca do contexto político-institucional em que opera. Possibilita, em suma, a integração dos juristas ao campo multidisciplinar de estudos das políticas públicas.[44]

Interessante observar que a concepção de Direito "em ação" remonta a definição de políticas públicas para parte da ciência política, que a compreende como "Estado em ação".[45] A superação de uma perspectiva jurídica estática leva em consideração a interação do Direito com o contexto político e institucional em que está inserido, pois, embora alguns tentem isolar o Direito metodologicamente, em busca de uma pureza científica, não é razoável desconsiderarmos que ele se relaciona, intensa e diretamente, com outras dimensões sociais, políticas e institucionais, compondo um todo social. Embora possamos isolar o objeto de pesquisa para visualizarmos suas especificidades, é necessário retornar à totalidade na qual esse objeto está inserido.

Assim, a abordagem tenta visualizar o Direito em movimento, a despeito da tendência tradicional de enxergá-lo de forma estática. O modo como os conceitos jurídicos são ensinados no âmbito da graduação já evidenciam essa tendência fantasiosa do fenômeno jurídico enquanto experiência inerte, dada a separação existente entre essas ideias e o contexto político, ou, ainda, entre o mundo do *ser* e o mundo do *dever-ser*.

1.4 Diferentes espécies normativas e suas relações com as políticas públicas

A abordagem DPP permite debater os diferentes tipos de normas vinculadas às políticas públicas e a instrumentalização dessas normas para fundamentar legalmente uma política. Essa discussão remete, também, à delimitação das instituições envolvidas na implementação de determinada ação governamental.[46]

As diferentes espécies normativas possuem especificidades enquanto guias do comportamento dos administradores e *policymakers*.

---

[44] BUCCI, 2017, p. 315.
[45] MARQUES, 2013.
[46] SOUZA, 2019.7

Sobre as diferenças encontradas na fase de produção da norma, visualiza-se uma maior abertura do Parlamento para o *lobby*, se comparado ao Poder Executivo.[47] A existência de mais pontos de vetos na produção normativa do Poder Legislativo, como o sistema bicameral ou as votações em comissões temáticas, também é útil para ilustrar essas distinções.

Compreender a institucionalidade da arena na qual a política pública está sendo formulada – ou implementada – pode ser estratégico, pois permite visualizar os pontos de veto, mapear os tomadores de decisão e explicitar que o arranjo institucional do Executivo, Legislativo ou Judiciário servirá de mediação entre os interesses envolvidos. A atuação da Defensoria Pública e do Ministério Público para a efetivação ou fiscalização das políticas públicas também é um fator a ser considerado nessa discussão.

A visualização desses pontos de veto e das distintas arenas que se relacionam com as políticas públicas auxiliam na noção de instrumentalização do Direito, pois se podemos utilizar as técnicas jurídicas com o objetivo de solucionar determinados problemas, a compreensão dos eventuais obstáculos presentes em cada arena pode ajudar na construção de estratégias que visem aos objetivos socialmente relevantes. Todavia, tais estratégias não podem se converter em um consequencialismo barato, fundamentado em uma soberania de fins. Há um risco eminente quando as garantias e os direitos fundamentais viram um obstáculo para a consecução do fim que se quer atingir, tomando as consequências ditas positivas de determinada política como o objetivo último a ser alcançado, independentemente de os meios utilizados estarem em desacordo com os parâmetros constitucionais.

Para além da definição de normas estatutárias, judiciais e constitucionais – apontadas por Kreis e Christensen[48] –, afirma-se a existência de diferentes pontos de veto a depender da espécie normativa adotada. A medida provisória, como forma de desempenho da função legislativa pelo Executivo (função atípica), possibilita uma aceleração do processo decisório de formalização da lei. Isso porque a própria Constituição estabelece o trancamento da pauta do Senado ou da Câmara dos Deputados se a medida provisória não for votada em determinado período temporal

---

[47] CESÁRIO, 2016.
[48] KREIS; CHRISTENSEN, 2013.

(art. 62, §6º).⁴⁹ Essa especificidade procedimental auxilia, por vezes, em acelerar a deliberação dos parlamentares.

1.5 As políticas públicas no Estado social

É relevante pontuar que a política pública não tem uma existência atemporal e deslocada de um contexto histórico e social; pelo contrário, é fruto de uma forma específica de organização do Estado e da sociedade. Assim, a política pública, como a conhecemos atualmente, tem como fonte o Estado social e a organização moderna da economia capitalista.⁵⁰ Dessa forma, há uma multiplicidade de deveres estatais que são específicos ao Estado de Bem-Estar, por exemplo, a concretização dos direitos sociais. Não é difícil perceber que a própria alteração na postura do Estado Social, devendo atuar de forma prestacional para concretizar direitos sociais, requer um aprofundamento em relação às políticas públicas. Nas palavras de Clarice Duarte:

> No Estado social de direito, é a elaboração e a implementação de políticas públicas – objeto, por excelência, dos direitos sociais – que constituem o grande eixo orientador da atividade estatal, o que pressupõe a reorganização dos poderes em torno da função planejadora.⁵¹

Todavia, algumas contradições permeiam essa temática. A primeira refere-se ao fato de que no Brasil houve "uma Constituição dirigente ao tempo em que os Estados que lhe serviram de inspiração já viviam outra realidade".⁵² Assim, se o Estado Social é regulamentado, no Brasil, a partir dos eixos estabelecidos pela Constituição de 1988⁵³ – inspirados no Welfare State norte-americano e no Estado de Bem-Estar Social europeu –, devemos destacar que na década de 1990 essa concepção estatal já estava enfraquecida na Europa e nos Estados

---

⁴⁹ "Art. 62, §6º Se a medida provisória não for apreciada em até quarenta e cinco dias contados de sua publicação, entrará em regime de urgência, subseqüentemente, em cada uma das Casas do Congresso Nacional, ficando sobrestadas, até que se ultime a votação, todas as demais deliberações legislativas da Casa em que estiver tramitando."
⁵⁰ CLUNE, 2021.
⁵¹ DUARTE, 2007.
⁵² BUCCI, 2018.
⁵³ Embora a Constituição de 1934 já trouxesse diretrizes constituintes de um Estado Social, o início do Estado Novo, em 1937, dificultou a concretização dessas diretrizes no Estado brasileiro.

Unidos, em virtude da ascensão de políticas econômicas neoliberais, consolidadas pelo governos de Margareth Thatcher e Ronald Regan, respectivamente.

Uma segunda contradição se refere à existência de um Estado Democrático em uma economia capitalista. Assim, enquanto a democracia requer, ao menos idealmente, uma capacidade mais ou menos igual entre os indivíduos de decidirem sobre os rumos políticos do Estado, o capitalismo é guiado pela lei da acumulação e concentração, colocando muito capital na mão de poucos e nenhum capital na mão de muitos. Desse modo, há uma coexistência permeada por essa tensão quando observamos um modo de produção capitalista em um sistema democrático.

É possível discutir, também, o declínio do Estado Social no Brasil mesmo antes da sua concretização. Isso porque várias normas e diretrizes governamentais elaboradas nos últimos anos têm colocado em xeque a proteção dos direitos sociais, como a diminuição do orçamento da União para investimento nas áreas sociais, flexibilização dos direitos trabalhistas, terceirização do trabalho, entre outras. Nesse ponto da discussão, não basta olharmos de maneira restritiva para a norma e considerá-la como ponto máximo de norteamento do Estado, mas também compreender que as normas aprovadas pelo Congresso Nacional e defendidas pelo governo representam diferentes projetos políticos para o país.

Reformas consolidadas pelo Executivo e Legislativo Federal, nos últimos seis anos, bem como decisões do STF, podem auxiliar na compreensão de um declínio dos direitos sociais: I) EC nº 95, de 2016, que estabeleceu congelamento dos investimentos públicos durante 20 anos, atualizando os "gastos" do Estado de acordo com a inflação de cada ano; II) Reforma Trabalhista instituída pela Lei nº 13.467/2017; III) terceirização de atividades-fim por meio de decisão do STF; III) restrição do direito à greve por meio do RE nº 693456, julgado pelo STF; IV) possibilidade de o negociado prevalecer sobre o legislado a partir da Reforma Trabalhista.

A Emenda Constitucional nº 95, de 2016 – também conhecida como PEC do teto de gastos –, estabeleceu um congelamento dos investimentos públicos durante 20 anos, atualizando os "gastos" do Estado de acordo com a inflação de cada ano. Com a EC nº 95, de 2016, não há mais a necessidade de os governantes investirem uma porcentagem paulatinamente crescente em políticas sociais, mas apenas de investirem, nessas áreas, o que fora aplicado no ano anterior, acrescido da inflação. Dessa forma, ainda que o PIB do Brasil aumente de um ano para o outro, os recursos para tais áreas ficarão estagnados, e o aumento do PIB não refletirá no investimento em direitos sociais. Considerando que as políticas públicas só podem ser concretizadas a partir de receitas orçamentárias, a EC nº 95 fragiliza a própria dimensão de efetividade daquelas. Curiosamente, a parte do orçamento designado ao pagamento dos juros da dívida pública não entra no congelamento de gastos estabelecido pela EC nº 95.

A crítica em relação aos orçamentos destinados à implementação de políticas públicas, afirmando que esses engessariam a política, "substituindo o processo de decisão política pelas imposições constitucionais", não é recente, sendo difundida há pelo menos 20 anos.[54] Entretanto, conforme destacam Massoneto e Bercovicci, tais críticos não são tocados pelo mesmo incômodo em relação ao orçamento destinado à tutela de políticas neoliberais de ajuste fiscal.

De acordo com Bercovicci e Massoneto, embora a Constituição de 1988 garantisse uma extensa lista de direitos sociais e políticas públicas, tais direitos não estavam acompanhados de instrumentos financeiros capazes de lhes garantir efetividade. Dito de outro modo, havia a previsão de direitos sociais, mas não a previsão de instrumentos financeiros que lhes garantissem uma efetiva concretização.[55]

Considerando que só há dois tipos de investimentos possíveis, quais sejam, o público e o privado, o esvaziamento da capacidade de investimento do Estado aumenta o poder de barganha do setor privado. Portanto, a potencialidade de crescimento da economia e da criação de empregos se concentra mais intensamente na mão do setor privado, que amplia sua força de influência para a aprovação de reformas, como a trabalhista.

De acordo com Maria Paula Dallari Bucci, há três aproximações possíveis ao analisarmos a política pública no direito: macroinstitucional, mesoinstitucional e microinstitucional.[56] A primeira considera a dinâmica política e a ação do Estado que permeiam a política pública, e seria a aproximação mais distante. Uma análise intermediária seria a mesoinstitucional, que foca o arranjo institucional de uma política

---

[54] BERCOVICI; MASSONETTO, 2006, p. 72.
[55] BERCOVICI; MASSONETTO, 2006, p. 72.
[56] BUCCI, 2013.

pública, bem como a funcionalidade que esse desenho jurídico institucional terá para a efetividade da política em questão. Por fim, a análise microinstitucional seria uma espécie de átomo analítico, ao observar a ação governamental – análise mais próxima –, a política pública em si, considerando os atores sociais e governamentais envolvidos, os problemas que a política pública almeja solucionar etc.

Partindo da conceituação de Bucci sobre os planos macro, meso e microinstitucional – e considerando o Estado Social enquanto fonte das políticas públicas –, algumas reflexões podem ser feitas. Ainda que possamos focar a análise da ação governamental (plano microinstitucional) ou dos arranjos institucionais (plano mesoinstitucional), não podemos ignorar as determinações que impactam intensamente esses dois planos, advindas do plano macroinstitucional, que englobam a política (*politics*) e o Estado. É nesse sentido que se torna relevante delimitar as políticas públicas e seus arranjos institucionais no contexto do Estado Social, com o intuito de situá-los em uma realidade material e política específica. Dito de outro modo, o olhar para o plano macroinstitucional talvez permita uma "politização" (*politics*) da análise de políticas públicas (*policy*).

Situar as políticas públicas na materialidade do Estado Social, com uma determinação histórica e política específica, permite observarmos não só o campo da *policy* mas também o da *politics*, considerando a dinâmica política que permeia a elaboração e implementação de políticas públicas. Desse modo, "encontramos a política pública e o direito não como concepções abstratas, que pairam no ar, mas com os pés no chão, ou seja, com uma materialidade política e histórica".[57] Se considerarmos a produção normativa como um reflexo da disputa de forças que ocorrem no seio da sociedade, concluímos que o Estado Social não é algo que se concretiza plenamente, ao ser positivado, mas sim um horizonte que deve ser disputado continuamente para que possa ser garantido.

Discutir a função do Estado enquanto elaborador de uma política de educação profissional e tecnológica para os indivíduos é, justamente, uma função específica de um Estado Social, pouco imaginável no contexto do Estado Liberal não intervencionista. Pensar em programas como o Bolsa Formação, no âmbito do Pronatec, que possibilita amplo acesso e permanência de estudantes de baixa renda às políticas de

---

[57] SOUZA; BUCCI, 2019.

educação profissional – com transporte, alimentação etc. –, demarca uma atuação prestacional do Estado, enquanto característica típica de um Estado Social. Entretanto, essa caracterização não se sintoniza com o Estado Social se os empregos oferecidos à força de trabalho qualificada forem precários, instáveis e, ainda, se parte considerável dessa força de trabalho for absorvida pelo emprego informal, que não dispõe de uma rede de proteção social.

1.6 Separação entre política e políticas públicas: anotações críticas

É possível tecer uma crítica aos pesquisadores que defendem a neutralidade dos estudos de políticas públicas, como um estudo puramente técnico, capaz de vincular meios disponíveis a determinados fins, ignorando os aspectos inerentemente políticos que envolvem essa discussão.[58] Embora a separação entre *politics* e *policy* seja invocada frequentemente como uma ferramenta didática, que permite a visualização de diferentes dimensões que envolvem a ação do Estado e do governo, Sarat e Silbey destacam que autores vinculados ao liberalismo jurídico usam essa separação com o anseio de apontar que a análise de políticas públicas seria um campo apolítico.[59]

A preocupação com um governo eficiente, dessa forma, seria uma questão de técnicas eficientes de administração, desvinculando a análise da política com P maiúsculo. Inserida nesse debate, Deborah Stone afirma que discussões sobre políticas públicas podem, frequentemente, obscurecer os conflitos políticos subjacentes às ações governamentais, mas não eliminá-los.[60]

Acreditar na possibilidade de atuação governamental como mero problema de gestão, demandando apenas especialistas treinados no assunto, é desconsiderar que a construção de toda norma ou política pública envolve a defesa de interesses de grupos distintos, e que, por vezes, tais interesses são inconciliáveis. Isso porque há sempre uma ideologia por detrás dos discursos que fundamentam e justificam uma ação governamental.

---

[58] SARAT; SILBEY, 1988.
[59] SOUZA; BUCCI, 2019.7
[60] STONE citado por SARAT; SILBEY, 1988.

Defender a elaboração de políticas públicas como mero instrumental técnico – capaz de ligar os meios aos fins – pode servir, inclusive, para obscurecer os interesses daqueles que serão beneficiados com determinadas ações governamentais. Essa lógica política, levada ao extremo, enfraquece o princípio da soberania popular, criando algo como uma "soberania técnica". Entretanto, essa perspectiva não deve significar que os tomadores de decisão ignorem os conhecimentos produzidos pela ciência, capazes de garantir maior segurança e eficácia às políticas. A pandemia da covid-19 evidenciou essa problemática, desvelando as ações desastrosas dos governantes que tomaram decisões a despeito dos fundamentos científicos.

Políticas de transporte público, que podem demandar uma realocação da quantidade de espaço viário para ônibus ou para carros particulares, são um exemplo claro sobre essa disputa. Outro exemplo possível é a discussão sobre políticas públicas de educação profissional e tecnológica, pois essas colocam em tensão diferentes projetos de educação profissional para o país, pois não há um consenso sobre qual tipo de educação é melhor para os indivíduos e para a sociedade.

Para ilustrar a problemática, considera-se a previsão de que as políticas públicas de educação deverão cumprir, de acordo com a Constituição (art. 205), o papel de desenvolvimento pessoal, preparo para o exercício da cidadania e qualificação profissional. Dessa forma, falar sobre diferentes projetos de educação é também discutir as diferentes ideologias que os permeiam e os fundamentam.

A ideia da educação apenas como qualificação profissional, desconsiderando seus outros dois aspectos, se levada ao extremo, pode servir não para amenizar, mas sim para intensificar as desigualdades sociais. Assim, ainda que em termos didáticos possamos separar política (*politics*) de políticas públicas (*policy*), é importante observarmos que a elaboração e implementação de políticas públicas sempre envolvem tomadas de decisões que são, também, políticas (*politics*).

Nesse ponto, afirma-se a necessidade de "politizar" a análise de políticas públicas, reconhecendo as normas jurídicas, que dão suporte às políticas (*policy*), como a cristalização da disputa entre interesses divergentes e retomando a imbricação existente entre Direito, políticas públicas e política. Desse modo, a análise de políticas públicas no Direito pode servir, em alguma medida, não para obscurecer, mas para descortinar os conflitos políticos inerentes à discussão da política pública em questão.[61]

Outra possibilidade é olhar às políticas públicas não apenas na perspectiva de *outputs* transformados institucionalmente em *inputs*, mas também pelo enfoque das disputas que ocorrem na própria sociedade em relação aos direitos. Se as instituições são fundamentais para o resultado das políticas públicas, deve-se considerar que elas não possuem um funcionamento autônomo e indiferente em relação à conjuntura política e ao grau do debate nas disputas sociais.

Dito de outra forma, não há um arranjo institucional perfeito, que produzirá resultados positivos em qualquer conjuntura política e a despeito das disputas entre os grupos sociais. Reformas estruturais, como a emenda do teto de gastos (EC nº 95), fragilizam a capacidade do Estado de financiamento e, consequentemente, interferem na produção dos resultados almejados. A correlação de forças entre as classes sociais e frações de classe, bem como as disputas entre as forças políticas organizadas, são determinantes para a eficácia e resiliência das políticas públicas. Ainda que os fatores endógenos sejam determinantes às políticas públicas, relacioná-las a fatores exógenos pode representar ganhos analíticos para a pesquisa em DPP.

---

[61] SOUZA; BUCCI, 2019.

# CAPÍTULO 2

ANÁLISE HISTÓRICA DA EDUCAÇÃO PROFISSIONAL NO BRASIL: MIRANDO O PASSADO PARA COMPREENDER O PRESENTE

2.1 Considerações sobre uma perspectiva histórica

A compreensão do processo histórico, que se desenvolve ao longo do tempo e constitui determinações à formação dos fenômenos sociais, é imprescindível para um melhor entendimento dos objetos de pesquisa. Assim, para sabermos onde estamos, é necessário termos clareza sobre de onde viemos, considerando que o passado emite reflexos no presente e que a realidade social não é fruto do acaso, mas sim produto de uma formação histórica.

A consideração dessa perspectiva antes esboçada nos levou, antes de adentrar a investigação da educação profissional nos dias atuais, a dar alguns passos atrás para identificar a historicidade da educação profissional no Brasil e visualizar como a compreensão dessa formação histórica pode auxiliar no entendimento de questões atuais sobre a EPT. Desse modo, o presente capítulo não é uma daquelas recorrentes partes de trabalhos acadêmicos denominadas "evolução histórica", que têm por objetivo apenas acumular algumas páginas a mais à pesquisa, independentemente de sua lógica e nexo com o restante do texto. Em sentido contrário, embora a atual pesquisa não seja uma análise eminentemente histórica, o papel da história para essa investigação é de elevada importância para direcionar o fio condutor do nosso trabalho.

Para tanto, utilizamos a noção de espaço-tempo, tendo em vista a delimitação espacial e temporal em que ocorrem os fenômenos sociais.[62] Entretanto, é indispensável a percepção de que os próprios fenômenos sociais não se esgotam necessariamente nas datas que os marcam, eis que esses possuem uma vida pregressa e posterior.[63] Nesse sentido, é possível afirmar que passado, presente e futuro estão, em alguma medida, interligados.

2.2 A educação profissional na primeira república e a criação da Rede Federal de EPT

Antes de adentrar o tema da EPT, faremos algumas breves considerações sobre o contexto social e político existente quando da Proclamação da República no Brasil. Do ponto de vista educacional, a Constituição de 1891 instituiu o sistema federativo como forma de organização do Estado, distribuindo entre a União e os estados a competência para legislar sobre a educação. O Brasil, que no Império se organizava como Estado monárquico centralizado, dividido em províncias sem autonomia política, instituiu na República Velha o sistema federativo, constituído por estados membros com autonomia política e organizacional, com sistema de governo presidencialista. Em relação à educação, competia à União fixar as diretrizes da escola secundária e superior, enquanto os estados se responsabilizavam pela educação primária e técnico profissional.[64]

Esse desenho federativo, na prática, não serviu para garantir uma real autonomia para todos os estados da Federação, mas sim para fortalecer a autonomia dos estados oligárquicos frente ao governo federal. Dessa forma, São Paulo e Minas Gerais possuíam grande poder comparado aos outros estados e se revezavam no comando do governo federal. A Proclamação da República, ainda que representasse um avanço do ponto de vista institucional, foi marcada por diversas fraudes eleitorais – como bico de pena e a degola –,[65] pela baixa participação popular nas eleições e pela construção de uma identidade nacional que ainda olhava mais para a Europa do que para o próprio Brasil. Assim, a

---

[62] CIAVATA, 2014.
[63] CIAVATA, 2014.
[64] KUNZE, 2015.
[65] LEAL, 2012.

fragilidade da democracia na Primeira República não se limitava à baixa participação popular, tendo em vista que os resultados das próprias eleições também eram constantemente fraudados. Em outras palavras, os poucos que podiam votar não tinham a garantia de ver a vontade popular refletida nas urnas.

A taxa de analfabetos no país era de 85% e a legislação à época permitia apenas que homens alfabetizados votassem. Nesse sentido, o requisito de alfabetização constituía, em verdade, uma barreira à participação popular. Nos aspectos econômicos e sociais, três fatores marcam esse período no Brasil: imigração estrangeira, industrialização e urbanização.[66] A seguir, uma tabela que mostra a porcentagem da população analfabeta no Brasil em 1872:[67]

Tabela 1 – População analfabeta no Brasil em 1872

	LIVRES	ESCRAVIZADOS	TOTAL
HOMENS	76,54%	99,88%	80,21%
MULHERES	86,56%	99,94%	88,53%
TOTAL	81,42%	99,91%	84,24%

Fonte: Cedeplar, (2012).

A educação profissional antes da Primeira República foi marcada por um caráter intensamente assistencialista, objetivando tirar da mendicância e da criminalidade crianças e jovens, ensinando-lhes alguma habilidade manual. Essa afirmação é ilustrada pela existência do Asilo dos Meninos Desvalidos, criado em 1875 no Rio de Janeiro, como uma das instituições mais importantes do ensino de ofícios durante o Brasil Império.[68]

Esse estabelecimento era destinado às crianças que tinham entre 6 e 12 anos e se encontravam em um estado de extrema pobreza, muitas vezes, mendigando pelas ruas da capital. A autoridade policial que encontrasse crianças desse perfil as encaminhava para o referido asilo, onde, além de receber instrução primária, aprendiam algum ofício, dentre os quais funilaria, topografia, tornearia, marcenaria, carpintaria,

---

[66] CUNHA, 2000.
[67] MORAES, 2016.
[68] A criação dessa instituição e de outras, como as casas de educandos e artífices, durante o Brasil Império, só se tornou possível em virtude da publicação de um alvará em 1º de abril de 1808. Este alvará revogava o de 1785, que proibia a instalação de manufaturas no Brasil.

serralheria, entre outros.[69] Nas palavras de Cunha: "Concluída a aprendizagem, o artífice permanecia mais três anos no asilo, trabalhando nas oficinas, com o duplo fim de pagar sua aprendizagem e formar um pecúlio que lhe era entregue ao fim desse período." O fato de que o Juizado de Órfãos era a instituição responsável pela educação profissional durante esse período explicita o caráter assistencialista dessa modalidade educacional à época.

Cinco meses após a Proclamação da República, em 19 de abril de 1890, foi criado o Ministério da Instrução Pública, Correio e Telégrafos, que mantinha funções relacionadas à instrução e ao ensino profissional. O Juizado de Órfãos deixou de ser o responsável pela supervisão da educação profissional, o que revela alguma mudança na orientação desse segmento do ensino. Embora ainda houvesse forte influência do caráter assistencialista do ensino profissional no país, começou a surgir uma preocupação com a qualificação dos trabalhadores para a indústria que começava, a passos curtos, a ser criada.[70] Dessa forma, uma alteração na instituição responsável pela EPT acaba demonstrando, também, uma alteração do olhar que os governantes tiveram sobre a educação profissional.

Nilo Peçanha teve enorme importância para a EPT no século XX, tendo criado, como presidente do estado do Rio de Janeiro, cinco escolas profissionais, em 1906. Já em 1909, como presidente da República, foi responsável pelo Decreto nº 7.566, de 23 de setembro, que criou 19 Escolas de Aprendizes e Artífices (EAAs), uma em cada estado do país. Essas escolas possuíam uma sistemática própria, com metodologia, processo seletivo para ingresso e currículo que se diferenciavam de todas as demais instituições de EPT presentes no Brasil. Os referidos estabelecimentos eram de responsabilidade da União, ao passo que eram mantidos pelo Ministério da Agricultura, Indústria e Comércio. A criação dessas 19 Escolas de Aprendizes e Artífices, em 1909, é apontada como o marco inicial da Rede Federal de Educação Profissional e Tecnológica.[71] Segundo Fonseca, a eficácia desses estabelecimentos era pequena, inicialmente, em virtude da falta de professores e mestres especializados.[72]

---

[69] CUNHA, 2000.
[70] CORDÃO, 2017.
[71] MORAES, 2016.
[72] FONSECA, 1961.

Há uma peculiaridade na criação das Escolas de Aprendizes e Artífices no que diz respeito a sua centralidade administrativa. O seu funcionamento era de responsabilidade da União, e todas as EAA eram regulamentas por uma mesma legislação, constituindo o primeiro sistema educacional de abrangência nacional.[73]

Nilo Peçanha teve uma rápida passagem pelo governo, pois era vice-presidente de Afonso Pena, assumindo a presidência da República após a morte deste, em 1909. Embora Nilo Peçanha tenha realizado as criações mais impactantes no âmbito da EPT durante a Primeira República, representando um marco para a história da educação profissional no país, vale assinalar que seu antecessor já apontava no sentido de fortalecimento da EPT, tendo dito em um manifesto: "A criação e multiplicação de institutos de ensino técnico e profissional muito podem contribuir também para o progresso das indústrias, proporcionando-lhes mestres e operários instruídos e hábeis."[74] Tal fato merece destaque pois era a primeira vez que um presidente da República incluía o tema em sua plataforma de governo.

Em relação a Nilo Peçanha, a criação das cinco escolas profissionais no Rio de Janeiro, enquanto era governador daquele estado e as 19 Escolas de Aprendizes e Artífices, como presidente da República, tinham uma função em comum: preparar a força de trabalho para as demandas da nascente industrialização do país. A exposição de motivos encontrada no Decreto nº 7.566, de 23 de setembro de 1909, demonstra a funcionalidade da EPT para a época:

> Considerando: que o aumento constante da população das cidades exige que se facilite às classes proletárias os meios de vencer as dificuldades sempre crescentes da luta pela existência: que para isso se torna necessário, não só *habilitar os filhos dos desfavorecidos da fortuna* com o indispensável preparo técnico e intelectual, como faze-los adquirir hábitos de trabalho profícuo, que os *afastara da ociosidade ignorante, escola do vício e do crime*; que é um dos primeiros deveres do Governo da República formar cidadãos uteis à Nação: Decreta.[75]

Outra disposição relevante para a visualização da dualidade do ensino profissional e do ensino propedêutico era a necessidade

---

[73] CUNHA, 2000.
[74] FONSECA, 1961.
[75] BRASIL, 1909, grifos nossos.

de comprovação da situação social e financeira dos indivíduos para o ingresso nas instituições de educação profissional:

> Art. 6º Serão admitidos os indivíduos que (...) possuírem os seguintes requisitos, preferidos os desfavorecidos da fortuna.
> §2º A prova de ser o candidato destituído de recursos será feita por atestação de pessoas idôneas, a juízo do diretor, que poderá dispensá-la quando conhecer pessoalmente as condições do requerente da matrícula.

Pela descrição das disposições normativas, podemos perceber que a educação profissional durante a Primeira República, ainda que tivesse obtido um considerável avanço ao acrescentar a ideia de qualificação para o trabalho, guardava um caráter assistencialista e de fragmentação da educação, considerando que o preparo para o exercício de atividades manuais era função exclusiva das classes "desfavorecidas". Há uma certa inclinação do decreto, também, em considerar as classes populares, em alguma medida, inclinadas à "ociosidade e à escola do vício e do crime". A admissão dos indivíduos vinculada ao critério de escassez de recursos também evidencia uma certa delimitação do público-alvo daquela educação.

Essa concepção de diferentes educações para distintas classes sociais está na gênese da educação no Brasil. Esse caráter fragmentário consiste em um dualismo existente entre o ensino oferecido às classes altas, por meio da transmissão da cultura geral e voltado a formar lideranças do país para ocupar os cargos de maior destaque, contraposto ao ensino oferecido aos filhos dos trabalhadores, cujo objetivo era formar rapidamente mão de obra para produção em série e padronizada, e consequente inserção no mercado de trabalho, por meio da transmissão apenas de conhecimentos técnicos. Em outras palavras, essa dualidade na distribuição da educação ajuda a intensificar a divisão entre trabalho manual e trabalho intelectual. O caráter fragmentário e de dualidade da educação no Brasil, durante os séculos XIX e XX, é apontado por autores de diferentes espectros ideológicos, de modo que encontramos essa crítica tanto em Ciavatta,[76] Cunha[77] e Frigotto como em Cordão.[78]

Sobre a composição geográfica da EPT, ressaltamos que a distribuição de uma escola em cada estado da Federação não correspondia à

---
[76] CIAVATA, 2014.
[77] CUNHA, 2000.
[78] CORDÃO, 2017.

realidade da expansão industrial no Brasil, tendo em vista que o desenvolvimento da industrialização estava concentrado no Centro-Sul, especialmente em São Paulo. Dessa forma, houve uma desproporção entre o número de alunos do ensino profissional e o número de operários em cada estado. Para ilustrar essa incongruência, é possível citar os casos extremos como São Paulo, que possuía 326 alunos e 24.186 operários, e Espírito Santo, que possuía 4 alunos e 90 operários.[79]

De acordo com o Decreto nº 7.736, de 1909, o ensino profissional deveria ser realizado por oficinas de trabalho manual ou mecânico, criados pelo diretor de cada escola e levando em conta, quando possível, as especialidades das indústrias locais. Entretanto, ao observar os ofícios ensinados nas Escolas de Aprendizes e Artífices, constatamos que a grande maioria eram voltadas para a aprendizagem de artesanato de interesse local, como alfaiataria, sapataria, marcenaria, carpintaria, funilaria, selaria, entre outras, de modo que poucos estabelecimentos ofereciam o ensino de atividades propriamente industriais e manufatureiras, como mecânica, tornearia e eletricidade.[80] Dessa forma, observa-se que os próprios ofícios ensinados nesses estabelecimentos não qualificavam os indivíduos, necessariamente, para atividades propriamente industriais ou manufatureiras. Uma das poucas Escolas de Aprendizes e Artífices que foram uma exceção ao ensino de práticas industriais foi a localizada em São Paulo. Isso porque, o crescimento da produção industrial naquele estado e a existência de um forte Liceu de Artes e Ofícios levou a uma maior sintonia em relação aos ofícios ensinados e às exigências fabris, de modo que a EAA de São Paulo era uma das únicas que oferecia, desde o início, os cursos de tornearia, mecânica e eletricidade.[81]

Em 1926 há um esforço para o aprimoramento do ensino profissional nas Escolas de Aprendizes e Artífices, com a portaria de consolidação que objetivava a unificação curricular e a criação do Serviço de Inspeção do Ensino Profissional Técnico.[82] Os cursos ministrados pela Escola de Aprendizes e Artífices, a saber, cursos primários e de desenho e os cursos de ofício passaram a ter duração de seis anos,

---

[79] CUNHA, 2000.
[80] CUNHA, 2000, p. 71.
[81] CUNHA, 2000.
[82] ALMEIDA, 2010.

período consideravelmente grande se compararmos com os cursos de graduação ofertados atualmente.

2.3 A educação profissional no Estado Novo

A Constituição de 1934, que trazia grandes avanços para a educação no Brasil, com garantias de vitaliciedade e inamovibilidade aos professores, orçamento vinculado para investimento no ensino pelos entes federativos, entre outras disposições, durou apenas três anos, sendo revogada com a instauração do Estado Novo e com a Constituição outorgada em 1937. A preocupação de Getúlio Vargas com a educação profissional nesse período é visível, conforme observamos em seus discursos como presidente da República:

> O preparo profissional constitui outro aspecto urgente do problema, e foi igualmente considerado nas responsabilidades do novo regime. Cabe aos elementos do trabalho e da produção, agrupados cooperativamente, colaborar com o governo para formar os técnicos de que tanto carecemos.[83]

Dessa forma, a Constituição de 1937, em seu art. 129, estabelecia que:

> O ensino pré-vocacional profissional *destinado às classes menos favorecidas* é em matéria de educação o primeiro dever de Estado. Cumpre-lhe dar execução a esse dever, fundando institutos de ensino profissional e subsidiando os de iniciativa dos Estados, dos Municípios e dos indivíduos ou associações particulares e profissionais.[84]

Esse artigo estabelecia, ainda, como dever das indústrias e sindicatos econômicos a criação de escola de aprendizes, destinadas aos filhos dos operários. Dessa forma, podemos visualizar que, embora já começasse a aparecer a funcionalidade da educação profissional para o aprimoramento da força de trabalho, o seu caráter fragmentário era evidente.

Isso porque, além de destinar o ensino técnico às classes "menos favorecidas", traçava um universo de possibilidades profissionais semelhantes aos filhos das classes populares, ao instituir o dever dos

---

[83] VARGAS, 1938.
[84] BRASIL, 1937.

industriais em criar uma escola técnica aos filhos dos operários. Aqui, a educação assume um papel não muito de formação humana, mas sim de reprodução da estrutura de classes, conforme apontado por Pierre Bourdieu.[85] Em outras palavras, desempenha a função de reproduzir as desigualdades sociais presentes em uma sociedade estratificada.

O art. 131 da Constituição do Estado Novo ainda previa a criação de instituições para promover a disciplina moral e o adestramento físico da juventude como forma de prepará-la para o cumprimento de seu dever com a economia e a defesa da nação.

A Reforma de Capanema, iniciada em 1942 – que ganhou esse nome em virtude do ministro da Educação à época, Gustavo Capanema –, foi responsável pela reestruturação da educação no país, realizando diversas alterações no nível do ensino primário, ensino médio e superior. Em relação ao ensino profissional, foram regulamentados diversos decretos-leis, conhecidos como leis orgânicas da educação nacional, que previam reestruturações na educação técnica. A seguir, destacamos as que tiveram maior importância para a reorganização da educação profissional naquele período:[86]

- Leis Orgânicas do Ensino Secundário (Decreto-Lei nº 4.244/42) e do Ensino Industrial (Decreto-Lei nº 4.073/42);
- Lei Orgânica do Ensino Comercial (Decreto-Lei nº 6.141/43);
- Leis Orgânicas do Ensino Primário (Decreto-Lei nº 8.529/46), do Ensino Normal (Decreto-Lei nº 8.530/46) e do ensino agrícola (Decreto-Lei nº 9.613/46).

Uma das principais alterações das leis orgânicas no Estado Novo foi o deslocamento de todo o ensino profissional para o ensino médio. Assim, as próprias escolas primárias tinham a função de selecionar os alunos com mais capacidade pedagógica para a continuidade dos estudos. Nesse sentido, iam para a escola técnica os alunos menos preparados para o prosseguimento da escolarização, devido à sua origem social e cultural.

Havia um novo critério de aprovação para a entrada nesses cursos, de modo que foi estipulada a realização de vestibular para o ingresso nos cursos técnicos, levando-se em consideração a aptidão do aluno para o desenvolvimento da técnica que queria aprender. Esse

---

[85] BOURDIEU; PASSERON, 2008.
[86] CORDÃO, 2017.

fato já apresentava uma diferença com a Escola dos Desvalidos (1875), onde a condição de pobreza era suficiente para o ingresso. Assim, a necessidade de realização de provas apresentava um anseio de aceitar alunos com aptidão técnica para o aprendizado de ofícios, ainda que o caráter da pobreza estivesse implícito. Os alunos desenvolviam um ofício nas oficinas e laboratórios e também assistiam às aulas de cultura geral, embora com uma carga horária menor.[87]

Uma alteração de destaque foi que a referida lei garantiu uma unidade de organização do ensino profissional em todo o país,[88] levando em conta que, até então, este era estabelecido de forma fragmentária pelos estados e municípios. Embora a União tivesse regulamentado as escolas federais a partir de 1909, os estabelecimentos estaduais e municipais de EPT não dispunham de normas gerais para sua organização e se regiam por normas próprias, de nível local ou regional.

Outro passo relevante foi a equiparação do ensino profissional ao segundo grau, em paralelo com o ensino secundário. Dessa forma, a EPT deixou de possuir apenas o *status* de ensino primário. O ganho desse reposicionamento do ensino profissional foi permitir, em tese, a continuidade dos estudos aos alunos que concluíssem o ensino técnico. Isso porque, até aquele momento, um aluno que concluísse um curso técnico não teria a possibilidade de prosseguir nos estudos, pois o diploma desse curso não o habilitava ao ingresso no ensino superior. Entretanto, havia uma restrição a essa continuidade: os egressos da EPT poderiam ingressar apenas em cursos do ensino superior que tivessem relação com o curso industrial no qual haviam se formado.[89]

Um dos resultados da reforma de Gustavo Capanema foi a criação do Senai, uma iniciativa pública de controle privado. Isso porque, embora tenha sido criado pelo presidente por meio do Decreto-Lei nº 4.048, de 1942, a sua direção e constituição ficaram sob a responsabilidade de um ente privado, a Confederação Nacional da Indústria (CNI). A formação do Senai foi imposta pelo Estado, considerando a instituição por Vargas de uma contribuição compulsória para o financiamento da formação de operários à indústria.[90] Depois de uma insistente pressão de Getúlio Vargas para que os industriais assumissem o ônus da

---

[87] ALMEIDA, 2010.
[88] FONSECA, 1961.
[89] CUNHA, 2000.
[90] CUNHA, 2000.

aprendizagem dos operários, o Senai foi criado pelo presidente mediante o extinto instrumento jurídico denominado decreto-lei.

Na década de 1930 foi criado no Brasil o Instituto de Organização Racional do Trabalho, inspirado por Taylor, objetivando superar a crise a partir de uma nova organização do sistema de produção. Essa nova organização pregava um barateamento e uma aceleração da educação profissional. Assim, foram adotadas novas técnicas de organização do trabalho. Os exames psicotécnicos, por exemplo, eram essenciais para identificar onde cada trabalhador deveria estar, bem como para evitar a contratação de agitadores, tais como trabalhadores despedidos de outras empresas por motivos ideológicos.

Nesse sentido, um dos projetos levados a cabo pelo Estado Novo foi a industrialização do Brasil, sendo dessa época a criação do Companhia Vale do Rio Doce e da usina de Volta Redonda. Durante esse período, também houve um avanço da produção industrial frente à produção agrícola, de tal forma que, em 1920, a produção agrícola era de 79% e a industrial de 21%. Já em 1940 essa taxa se altera para 57% e 43%, respectivamente.[91]

Nesse contexto de crescente industrialização, fica clara a necessidade de mão de obra qualificada para fazer frente às necessidades de produção do país. Nessa época, as Escolas de Aprendizes e Artífices criadas por Nilo Peçanha em 1909, transformaram-se em liceus. O ministro da Educação, Gustavo Capanema, faz uma reorganização ministerial, pouco antes da decretação do Estado Novo, em dezembro de 1937, alterando a nomenclatura do antigo Ministério de Educação e Saúde Pública para Ministério da Educação e Saúde.[92] A Constituição de 1934 já estipulava, em seu art. 150, *a*, a competência da União para fixar um Plano Nacional de Educação. Todavia, o fechamento do Congresso Nacional impossibilitou a aprovação do PNE.

Houve uma disputa de interesses durante a regulamentação do ensino profissional no Estado Novo, principalmente no final de 1939. Assim, uma disputa que antes era feita entre o Ministério da Educação e Saúde, liderado por Capanema, e os grupos que reivindicavam uma educação liberal progressista, desloca-se para uma disputa entre o Ministério da Educação e Saúde e o Ministério do Trabalho, associado ao empresariado, que defende uma concepção pragmática da educação

---

[91] FAUSTO, 2006.
[92] ALMEIDA, 2010.

profissional.⁹³ O conteúdo existente na ideia do empresariado, representado por Roberto Simonsen, presidente da Fiesp à época, dizia respeito à necessidade de oferecer uma educação moral e cívica aos operários, como forma de "corrigir os desvios do caráter dessa classe". Assim, não era necessário apenas qualificar profissionalmente os trabalhadores, mas também modelar sua moral e caráter em sintonia com os interesses da produção. No fundo, a disputa entre esses dois grupos representava o conflito sobre quem tomaria as rédeas da educação moral e profissional do trabalhador: o Estado ou o empresariado.⁹⁴

Antes de finalizar esse tópico, é importante sublinhar – ainda que brevemente – movimentos e personalidades de grande relevância para a educação brasileira que marcaram presença durante a década de 1930. Nesse período, já havia uma preocupação por parte dos educadores brasileiros com a dualidade da educação.

Um exemplo que fundamenta a afirmação precedente é a reforma do ensino elaborada por Anísio Teixeira, em âmbito municipal – Distrito Federal –, para a criação das Escolas Técnicas secundárias, com o objetivo de articular o ensino secundário com o ensino profissional. Assim, contrariando a reforma empreendida pelo governo federal, Anísio Teixeira defendia, a partir da organização federativa conferida pela Constituição de 1891, maior autonomia dos estados e municípios para a organização das escolas locais.

O ensino secundário deveria, então, oferecer uma ampla rede de variados cursos, com vistas a atender a especificidades individuais, oferecendo tanto a formação propedêutica geral, como, lateralmente, a preparação para ofícios técnicos, de modo a evitar a separação de trabalho manual e trabalho intelectual. ⁹⁵

As ideias de Anísio acabaram não ganhando força para se difundir fora do Distrito Federal, em virtude do seu pedido de demissão como diretor geral de Instrução Pública do DF em 1935, bem como pelas reformas orgânicas do Estado Novo em 1942, que centralizaram e uniformizaram a organização da EPT.⁹⁶

É dessa época, também, o Manifesto dos Pioneiros da Escola Nova (1932), que tinha, dentre vários educadores brasileiros de destaque,

---

⁹³ ALMEIDA, 2010.
⁹⁴ ALMEIDA, 2010.
⁹⁵ CUNHA, 2000.
⁹⁶ ALMEIDA, 2010.

Anísio Teixeira e Fernando de Azevedo como alguns de seus signatários. O manifesto dos escolanovistas propunha, juntamente com uma educação pública, laica, gratuita e de qualidade, a ideia de uma escola única.[97] Nos termos do próprio Manifesto de 1932:

> A educação nova, alargando sua finalidade para além dos limites das classes, assume, com uma feição mais humana, a sua verdadeira função social, preparando-se para formar 'a hierarquia democrática' pela "hierarquia das capacidades", recrutadas em todos os grupos sociais, a que se abrem as mesmas oportunidades de educação (...).[98]

Em sentido similar, o manifesto falava sobre a valorização das capacidades naturais dos alunos, suprimindo as instituições que realçam as diferenças criadas em virtude de critérios econômicos:

> A seleção dos alunos nas suas aptidões naturais, a supressão de instituições criadoras de diferenças sobre base econômica, a incorporação dos estudos do magistério à universidade, a equiparação dos mestres e professores em remuneração e trabalho, a correlação e a continuidade do ensino em todos os graus e a reação contra tudo que lhe quebra a coerência interna e a unidade vital, constituem o programa de uma política educacional.[99]

Embora parte das reivindicações dos escolanovistas tenham sido incorporadas ao texto constitucional de 1934, o projeto estabelecido pela Constituição de 34 foi interrompido, conforme já assinalado, pelo golpe de Vargas que instituiu o Estado Novo e pela Constituição outorgada em 1937.

2.4 A ditadura militar e a profissionalização universal e compulsória no ensino de segundo grau

Os ensinos de primeiro e segundo graus passaram por uma profunda reforma durante o regime militar, com a aprovação da Lei nº 5.692/71, que, entre várias outras disposições, tornou obrigatório e compulsório o ensino profissional para os estudantes do segundo

---

[97] DUARTE, 2019.7
[98] BOMENY, [1932].
[99] BOMENY, [1932].

grau (ensino médio), impondo que em um curto prazo todas as escolas públicas e privadas deveriam tornar-se profissionalizantes.

O Projeto de Lei nº 9/1971 teve uma rápida tramitação no Congresso Nacional, tendo sido analisado em 40 dias por uma comissão mista, com 18 parlamentares da arena e 4 do MDB, sendo que sua discussão e aprovação no Plenário do Congresso ocorreu em um único dia.[100] Assim, foi aprovada a nova Lei de Diretrizes e Bases da Educação em 11 de agosto de 1971, sob o governo Médici, substituindo a antiga LDB (Lei nº 4024/61).

Há uma faceta dupla em relação às ideias que levaram os militares à concretização do caráter compulsório do ensino profissional. Explica-se. Os militares afirmavam em seus discursos que a reforma permitiria que o Brasil formasse uma mão de obra especializada e qualificada para atender às demandas de mercado no país. Assim, um aluno que terminasse o ensino médio já sairia habilitado para ingressar no mercado de trabalho, e as indústrias poderiam contar com uma força de trabalho qualificada para o processo produtivo. Entretanto, segundo Cunha, o principal objetivo do governo era garantir a diminuição da demanda pelo ensino superior, a partir da terminalidade do segundo grau, tendo em vista que o governo sofria com a pressão dos excedentes do ensino superior.[101] Um dos motivos desse excedente de alunos aprovados ocorria porque o vestibular não era classificatório, de modo que todos os estudantes que tivessem determinada nota poderiam adentrar a universidade. Com a reforma, os estudantes que terminassem o segundo grau poderiam ingressar no mercado de trabalho sem a necessidade de realizar uma graduação para obter uma habilitação profissional, o que poderia diminuir a procura pelas universidades.

Nesse sentido, a Lei nº 5.692/71 dispunha no §1º do art.5º que:

> Observadas as normas de cada sistema de ensino, o currículo pleno terá uma parte de educação geral e outra de formação especial, sendo organizado de modo que:
> a) no ensino de primeiro grau, a parte de educação geral seja exclusiva nas séries iniciais e predominantes nas finais;
> b) no ensino de segundo grau, predomine a parte de formação especial.

---

[100] BELTRÃO, 2017.
[101] CUNHA, 2014.

Assim, o ensino de primeiro grau teria uma parte majoritária do currículo voltada para a educação geral, mas já com algum grau de formação especial, enquanto o segundo focaria especificamente a formação especial, termo usado para se referir ao ensino profissional. A LDB de 1971 ainda apontava que a parte de formação especial do currículo teria "o objetivo de sondagem de aptidões e iniciação para o trabalho, no ensino de 1º grau, e de habilitação profissional, no ensino de 2º grau" (art. 5º, §2º, *a*).

Dermeval Saviani aponta que essa ideia de educação, elaborada pela ditadura civil militar, tinha forte inspiração na Teoria do Capital Humano (TCH), pautada nos princípios de racionalidade, eficiência e produtividade, bem como vinculada a uma visão produtivista da educação.[102] Dessa forma, a educação já não é um fim em si mesmo e um instrumento de formação humana, mas sim uma espécie de "criada" a serviço do mercado de trabalho. A TCH considera o valor econômico da educação, equivalente a um bem de produção a ser investido para potencializar o desenvolvimento econômico do país. Assim, deixa em segundo plano os agentes (professor e aluno) e dá prioridade para os meios e recursos, pautando-se sempre pela busca pela eficiência, racionalidade e produtividade, com o objetivo de obter o máximo de resultados com o mínimo de dispêndio.[103]

Essa concepção de educação remonta aos apontamentos de Marx sobre o trabalhador se transformar, dentro do sistema capitalista, em mais uma mercadoria, necessária para a reprodução de outras mercadorias. A TCH recupera essa lógica ao considerar o indivíduo como um capital a ser investido, um capital que deve ser qualificado para possibilitar a maximização da produção de outras mercadorias. Nesse ponto, podemos nos perguntar se os seres humanos estavam trabalhando *com* máquinas ou trabalhando *como* máquinas.[104]

Uma das críticas possíveis de serem feitas é a de que a reforma serviu para acentuar ainda mais a dualidade estrutural existente na educação brasileira, que oferecia diferentes educações para distintas classes sociais.

Isso pode ser confirmado ao observarmos que as escolas particulares, na prática, burlavam essa profissionalização e continuavam

---

[102] SAVIANI, 2008.
[103] PIMENTEL; MORAES, 2017.
[104] MARX, 2010.

preparando seus alunos para os vestibulares que davam acesso ao ensino superior, por meio da transmissão da educação geral.[105] Já os estudantes das escolas públicas, que na época eram obrigatoriamente escolas profissionalizantes, encerravam seus estudos precocemente pela falta de acesso aos conteúdos de cultura geral que permitissem o ingresso nas universidades.

Devemos destacar que não houve uma única política educacional durante o regime militar, mas sim algumas diferentes políticas. Isso se justifica porque os militares sofriam influência do grupo de empresários que apoiavam e até financiavam o regime. Nesse sentido, a LDB de 1971 permitiu a implementação de políticas privatistas na educação, ao incluir que a representação dos conselhos de educação seria exercida por integrantes do magistério oficial e particular, abrindo uma brecha para a participação de empresários do ensino nos conselhos.[106] A ocupação do Conselho Federal de Educação por empresários da educação permitia a utilização do aparato estatal para a concretização de interesses privatistas.

A criação do Instituto de Estudos Políticos e Sociais (IPES) por empresários de Rio e São Paulo, em articulação com empresários multinacionais e militares, também corrobora a afirmativa anterior, em vista da forte influência que esse instituto exerce nas políticas de educação da ditadura.[107] O IPES chegou a organizar o fórum "A educação que nos convém", que ocorreu de outubro a novembro de 1968 e serviu de base para a formulação de várias políticas educacionais da ditadura, como a própria LDB de 1971.

Sobre a efetividade dessa reforma educacional, é preciso afirmar o óbvio: a inserção de uma nova norma na realidade de um país, por si só, não é capaz de transformá-la. Isso porque, se a inserção dessa norma e a consequente elaboração de uma política pública não for, no mínimo, acompanhada de recursos materiais e imateriais – infraestrutura escolar para educação profissional e preparação de professores de EPT – capaz de implementá-la e concretizá-la, não é possível a produção de resultados efetivos na realidade da educação. Foi isso que ocorreu, ao observarmos que a transformação das escolas públicas em escolas públicas profissionalizantes sem a instalação de laboratórios, oficinas,

---

[105] BELTRÃO, 2017.
[106] CUNHA, 2014.
[107] SAVIANI, 2008.

bem como com a ausência de formação de um corpo docente sintonizado com a lógica e os princípios da EPT, apenas permitiram maquiar uma profissionalização manca, que estava aquém das próprias previsões legais. Para dimensionarmos a precariedade de muitas dessas escolas que não possuíam a infraestrutura necessária, aponta-se que houve até colégios que utilizavam, no curso de datilografia, uma cartela com teclas desenhadas, pela falta de máquinas de escrever.[108]

A própria ideia de profissionalização como responsabilidade da escola foi abandonada alguns anos após a entrada em vigor da LDB 71, pois o Parecer nº 45/72 do CFE, que dispunha sobre essa obrigatoriedade, foi substituído pelo Parecer nº 76/75, que colocava como responsabilidade das empresas a habilitação profissional do indivíduo, por meio de estágios.[109]

A obrigatoriedade da educação profissional no segundo grau foi sepultada em 1982, já no governo de Figueiredo, pela Lei nº 7044/1982. Essa lei retirou a ideia de profissionalização compulsória e a substituiu pela noção de preparação para o trabalho, que seria oferecida ou não, a critério da instituição de ensino.

2.5 A Constituição de 1988 e a reorganização jurídica e institucional do Estado brasileiro

A Constituição de 1988, embora não traga em seu texto regulamentações específicas sobre a educação profissional e tecnológica, abordou a educação com detalhes, do artigo 205 ao 214, prevendo orçamentos vinculados para a implementação de políticas educacionais, princípios do ensino, regime de colaboração entre os entes federativos, previsão do Plano Nacional de Educação, entre outras especificidades.

Para além de definir as diretrizes para as políticas públicas de educação básica e superior, a Constituição refunda – ao menos pela perspectiva jurídica – as bases do Estado Brasileiro, fixando uma nova organização política e institucional que servirá de mediação para as disputas da EPT no nível político. O arcabouço jurídico da Constituição também evidencia a necessidade de implementação de políticas públicas para que o Estado possa concretizar, paulatinamente, o pacto social firmado na Carta de 1988. Dito de outro modo, a Constituição não só

---

[108] BELTRÃO, 2017.
[109] LIRA, 2010.

delimita juridicamente o funcionamento e os procedimentos da política, como também fixa os deveres do Estado.

Santi Romano já havia sublinhado que "o direito são as normas e o que põe as normas".[110] Essa afirmação remete ao fato de que parte do conteúdo da Constituição é responsável por delimitar as regras e a institucionalidade da própria criação normativa. A definição de Lowi sobre *políticas constitutivas* auxilia nessa discussão, pois, para este autor, as políticas constitutivas são aquelas que consolidam as regras do jogo político, uma espécie de produção de regras que dão parâmetros para a produção das próprias regras. Em outras palavras, regras que fazem regras.[111]

Como a criação de textos constitucionais que almejam refundar os Estados não ocorrem no vazio, mas a partir de um contexto histórico específico, é válido ressaltar que a Carta de 1988 é antecedida pela experiência de mais de duas décadas de ditadura, fruto de um golpe civil militar. Este contexto histórico é essencial para compreender o conteúdo da Constituição, levando em consideração o processo de redemocratização, a Lei da Anistia, e a volta às urnas, após 21 anos de soberania popular cerceada. A característica analítica e prolixa da Carta de 1988 é atribuída a uma certa desconfiança dos parlamentares constituintes em relação aos legisladores infraconstitucionais, como forma de se proteger de futuras guinadas autoritárias.

Uma das conclusões sobre a Assembleia Nacional Constituinte, segundo José Afonso da Silva, é que não havia espaço para a imposição de uma única vontade política, tendo em vista a presença de interesses diversos e o fato de que nenhum grupo conseguiu formar uma maioria para decidir sozinho.[112]

A Constituição de 1988 estabelece os contornos para um Estado de Bem-Estar Social, ao positivar direitos sociais (art. 6º), direitos trabalhistas e previdenciários, função social da propriedade, seguridade social, sistema de saúde público universal e ordem econômica fundamentada na valorização do trabalho. Além disso, define como objetivos fundamentais da República Federativa do Brasil a diminuição das desigualdades sociais e regionais, a erradicação da pobreza e a construção de uma sociedade solidária. Ora, tais direitos e objetivos traçados na

---

[110] ROMANO citado por BUCCI, 2013.
[111] LOWI, 1964.
[112] SILVA, 2013.

Carta de 1988 só podem ser alcançados – entre outras medidas – a partir da implementação de políticas públicas, motivo pelo qual o Estado Social também é denominado de *government by policies*.[113]

Desse modo, embora a Constituição atual pouco diga sobre a educação profissional e tecnológica especificamente – no artigo 227 estabelece o direito à profissionalização dos jovens e adolescentes –, ela diz muito sobre o tipo de Estado que deverá concretizar o pacto social firmado em seu texto. Assim, a Carta de 1988 define um Estado de Direito Social, que reúne as garantias liberais de um Estado de Direito e as condutas prestacionais típicas de um Estado Social.

Outros pontos da Constituição que refletem na implementação das políticas de EPT, bem como o apontamento das reformas que ocorreram no seio do texto constitucional nos últimos cinco anos, serão abordadas no próximo capítulo.

2.6 O Governo FHC e o Decreto nº 2208/97: a fragmentação do ensino médio e ensino profissional

A maior alteração realizada pelo governo de Fernando Henrique Cardoso no que diz respeito à educação profissional foi a promulgação do Decreto nº 2208/97. Esse decreto, publicado um ano após a Lei de Diretrizes e Bases da Educação de 1996, causou grande polêmica no círculo de professores e estudiosos da EPT, por ser considerado um retrocesso na integração do ensino propedêutico com o ensino profissional.

O Decreto nº 2208/97 regulamentou a LDB nos artigos 39 a 42 e no §2º do art. 36. A grande mudança resultante desse decreto foi a intensificação do caráter fragmentário da educação brasileira, que instituiu a separação entre ensino profissional e ensino propedêutico.

Segundo o seu art. 5º: "A educação profissional de nível técnico terá organização curricular própria e independente do ensino médio, podendo ser oferecida de forma concomitante ou sequencial a este." O decreto estabelece três níveis de educação profissional: básico, técnico e tecnológico. O primeiro era destinado à qualificação, profissionalização ou requalificação dos trabalhadores, independentemente da existência de escolaridade prévia (art.3º, I). O nível técnico compreendia a habilitação profissional de alunos matriculados ou egressos do ensino

---

[113] BERCOVICCI, 1999.

médio (art. 3º, II). O tecnológico, por sua vez, referia-se aos cursos de nível superior na área tecnológica, destinado aos egressos do ensino médio e técnico (art. 3º, III).

Assim, no que tange ao nível técnico, excluiu-se a possibilidade de integração entre educação profissional e ensino médio que existia anteriormente, permanecendo como únicas alternativas as modalidades concomitante e sequencial.[114]

Desse modo, ao excluir a possibilidade do ensino médio integrado à educação profissional, inviabiliza-se a integração de conhecimentos teóricos (saber) com conhecimentos práticos (saber fazer), dificultando ainda mais a superação da fragmentação da educação brasileira. A importância da educação profissional integrada consiste no fato de ser essa modalidade educacional uma das soluções possíveis para que se caminhe no sentido da superação da divisão do trabalho intelectual e trabalho manual.[115] Nas palavras de Ciavatta:

> A formação integrada sugere tornar íntegro, inteiro, o ser humano dividido pela divisão social do trabalho entre a ação de executar e a ação de pensar, dirigir ou planejar. Trata-se de superar a redução da preparação para o trabalho ao seu aspecto operacional, simplificado, escoimado dos conhecimentos que estão na sua gênese científico-tecnológica e na sua apropriação histórico-social.[116]

O Parecer do Conselho Nacional de Educação e da Câmara de Educação Básica nº 16/99, de 5 de outubro de 1999, dispõe sobre as Diretrizes Curriculares Nacionais para a Educação Profissional Técnica de Nível Médio. Já a Resolução CNE/CEB n. 04/99 institui as diretrizes para a implementação do Decreto nº 2.208/97. Assim, ambos os pareceres do CNE e do CEB foram responsáveis pela operacionalização das diretrizes curriculares da educação profissional com a lógica instituída pelo decreto de 1997. A partir da Portaria MEC nº 646/97, o governo restringiu a oferta de ensino médio nas instituições federais de educação tecnológica, de modo que essas não poderiam oferecer mais do que 50% de suas vagas para o ensino médio, induzindo essas instituições a concretizar a abertura de cursos estritamente profissionalizantes.

---

[114] A modalidade concomitante consiste na realização do ensino profissional cursado paralelamente ao ensino médio. A modalidade sequencial, por sua vez, é a possibilidade de cursar o ensino profissional logo após o término do ensino médio.
[115] CIAVATTA, 2005.
[116] CIAVATTA, 2005, p. 2.

Para concretizar os objetivos do Decreto nº 2.208/97, foi criado o Programa de Expansão da Educação Profissional (Proep), com ajuda financeira do Banco Interamericano de Desenvolvimento (BID). O Proep estabelecia entre seus objetivos a criação de uma rede de centros de educação profissional, utilizando-se de pesquisa de mercado como fonte de informação para a proposta de cursos, oferta de organização curricular por módulos das ocupações, melhora no processo de certificação de competência, entre outros.[117] A norma de Execução Proep nº001/99 dispôs sobre o recebimento dos cauções de garantias pelas "Entidades de Licitação", entidades consideradas aqui como "as instituições que, em decorrência de convênios celebrados com o Proep, realizam licitações para executar os projetos por ele aprovados".

Diferentes autores sublinham o caráter neoliberal que influenciou as políticas dos governos FHC, tanto no campo econômico quanto no educacional.[118] O neoliberalismo prega, em síntese, uma flexibilização dos direitos sociais, estabelecendo como a principal função do Estado garantir previsibilidade e segurança para os investimentos de capital e a competitividade do mercado, pregando uma receita de política econômica baseada em desregulamentação, abertura e Estado mínimo.[119]

Dessa forma, destaca-se a influência de organismos internacionais como o Banco Interamericano de Desenvolvimento (BIC) e o Banco Mundial na elaboração de reformas educacionais no Brasil da década de 1990.[120] A lógica empreendida por esses organismos era vincular a educação profissional ao setor produtivo, qualificar a força de trabalho e atender às demandas do mercado de trabalho. O investimento de 312 milhões de dólares do BIC no Proep[121] já evidencia a influência desse organismo internacional nas políticas de educação no Brasil.

Essa separação da formação geral e da educação profissional foi amparada em uma concepção de educação para o mercado,[122] reduzindo o ensino a mais um fator de produção. Dessa forma, podemos apontar que o mercado de trabalho ocupava posição central nessa lógica, e o indivíduo, por sua vez, ficava em uma posição periférica. A ideia de integração entre educação profissional e formação geral é justamente

---

[117] CERQUEIRA, 2010.
[118] OLIVEIRA, 2006.
[119] PAULANI, 1999.
[120] OLIVEIRA, 2006.
[121] CERQUEIRA, 2010.
[122] FRIGOTTO; CIAVATTA, 2011.

trazer o indivíduo para o centro das preocupações educacionais, não relegando ao mercado uma posição secundária, mas sim impedindo que as preocupações e demandas do mercado ocorram em detrimento da preocupação com o indivíduo que será formado com essa educação.[123]

A análise da educação profissional durante os governos Lula e Dilma será feita no Capítulo 3, que abordará a sistematização da base normativa da EPT. Nesse sentido, o presente capítulo procurou reconstruir a trajetória da educação profissional, passando pela Primeira República, Estado Novo, ditadura militar de 1964 e o Governo FHC. Outros períodos históricos não foram abordados nesse capítulo, considerando que a educação profissional não passou, nessas outras épocas, por grandes modificações.

2.7 Conclusão do capítulo

A educação profissional e tecnológica no século XIX e XX é marcada por alguns fatores: a) distribuição de diferentes educações para distintas classes sociais; b) uma crescente preocupação com a qualificação de mão de obra para fazer frente às demandas de um país que começava a se industrializar no século XX; c) alterações institucionais que buscam ora centralizar e ora descentralizar a organização da EPT.

Embora a preocupação com a qualificação da força de trabalho para a indústria comece a surgir na Primeira República, é marcante o caráter assistencialista da EPT à época, que busca ser uma alternativa de educação às classes populares e aos filhos dos operários. Essa dicotomia, da distribuição de diferentes educações para distintas classes sociais, é apontada por pesquisadores de diferentes espectros ideológicos. Assim, encontramos essa afirmação tanto em Ciavatta,[124] Cunha[125] e Frigotto como em Cordão.[126]

O projeto de educação elaborado por Anísio Teixeira, na década de 1930, já demonstrava a preocupação com uma educação dicotômica, que intensificasse a dualidade entre trabalho intelectual e trabalho manual. Dessa maneira, é interessante observar que não há um projeto de educação profissional durante o século XX, mas diferentes projetos

---

[123] CIAVATA, 2014.
[124] CIAVATA, 2014.
[125] CUNHA, 2000.
[126] CORDÃO, 2017.

de EPT, que, em alguma medida, refletem a ideologia dos diferentes elaboradores desses projetos. Essa afirmação pode ser evidenciada ao observarmos o projeto de educação que se tentou concretizar durante a ditadura militar.

O crescimento da educação profissional durante o século XX deve ser visualizado não de maneira isolada, mas vinculado ao início da industrialização do país, principalmente durante o governo de Getúlio Vargas no Estado Novo. Assim, é evidente que um pressuposto para agregação de valor às matérias primas – e consequente produção no setor secundário – é uma força de trabalho qualificada, que possua capacidade de agregar valor às mercadorias, a partir de diferentes técnicas.

Por fim, há relevantes mudanças no âmbito institucional que demarcam um tratamento diferente à EPT. A retirada da educação profissional da responsabilidade do Juizado de Órfãos, na Primeira República, reflete uma paulatina mudança de postura em relação à EPT, que, embora ainda tivesse um caráter assistencialista, começava a ser fundamentada por uma preocupação com a qualificação da força de trabalho.

O grande legado desse período talvez seja a criação das Escolas de Aprendizes e Artífices por Nilo Peçanha, que representou o início da Rede Federal de Educação Profissional e Tecnológica, transformada em institutos federais durante o Governo Lula e responsável por concretizar um elevado número de matrículas em EPT no Brasil atual.

Com essa breve retomada dos primórdios da educação profissional e tecnológica no Brasil, podemos ter alguma clareza da sua formação histórica para, agora, discutirmos a sua estruturação normativa, enquanto política pública, nos governos que estiverem à frente do Estado brasileiro nas últimas duas décadas.

CAPÍTULO 3

SISTEMATIZAÇÃO DA BASE NORMATIVA DA EDUCAÇÃO PROFISSIONAL E TECNOLÓGICA

Antes de adentrar a análise da base normativa do Ensino Profissional e Tecnológico (EPT), é relevante fazermos algumas observações sobre o termo "sistematizar". Podemos encontrar no dicionário que ele tem o significado de "ordenar, tornar coerente, organizar diversos elementos em um sistema". Nas palavras de Saviani, sistema pode ser entendido como "a unidade de vários elementos intencionalmente reunidos de modo a formar um conjunto coerente e operante".[127] Essas explicações preliminares são importantes tendo em vista que um dos objetivos deste trabalho é justamente realizar a sistematização da base normativa do ensino profissional.

O caráter sistemático, entretanto, não pode ser tomado de antemão, pois essa característica só poderá ser afirmada ou negada ao fim da análise da base normativa. Um fator que, ainda como hipótese, pode auxiliar na visualização de um eventual caráter sistemático é a permanência institucional, pois, embora haja uma variedade de leis criadas por diferentes governos, a mediação realizada pela materialidade institucional na elaboração normativa pode conferir, ainda que minimamente, uma lógica comum às diferentes políticas públicas de educação profissional.

Há uma variedade de leis, portarias, decretos e resoluções que tratam sobre o assunto, de modo que essa multiplicidade pode, por vezes, dificultar a realização da análise normativa. Buscando clarear

---

[127] SAVIANI, 2010.

esse emaranhado de normas,[128] um dos caminhos possíveis é identificar o núcleo duro da base normativa da política pública, ou seja, a lei que confere um caráter sistemático à política pública ao articular seus diversos elementos e dispor sobre as competências das quais depende seu funcionamento.[129] Para tanto, destacamos que a LDB de 1996 – incluídas suas diversas reformas posteriores – forma o núcleo da base normativa da educação profissional e tecnológica no Brasil, pois, além de definir as diretrizes da educação nacional, conceitua as modalidades de ensino profissional e estabelece as articulações da EPT com outros níveis de educação.[130]

Nesse ponto, é relevante fazer algumas considerações sobre o olhar que queremos construir sobre a norma jurídica. Não pretendemos olhar apenas para a norma, pronta e acabada, como uma espécie de dogma jurídico, levando em conta tão somente os critérios de validade, vigência e eficácia. Em outro sentido, pretendemos olhar, também, para a disputa de interesses em jogo no processo de elaboração da norma.

Isso porque a política é um campo de disputa e não de consenso, e a implementação de uma concepção e de um projeto de educação é sempre produto de uma disputa de diferentes concepções sobre ela, de modo que a educação institucionalizada acaba sendo a vencedora. Assim, além dos grupos de interesse atuando no Congresso Nacional para a aprovação – ou rejeição – de um projeto de lei, há diferentes partidos defendendo diversas finalidades para a educação, que entram em confronto quando do processo de elaboração normativa. A construção desse olhar, que não considera a norma jurídica pronta e acabada, mas guarda foco, também, no seu processo de produção, permite ampliar o horizonte analítico, ao estabelecer um diálogo entre a política e o direito. Passemos, então, à análise.

Em 1996 foi sancionada a Lei nº 9.394/96, conhecida como Lei de Diretrizes e Bases da Educação, nossa atual LDB. Os debates sobre essa lei iniciaram em 1988, tendo em vista a determinação constitucional que estabelecia essa produção normativa como competência da União (art. 22, XXIV). No ano da promulgação da atual Constituição,

---

[128] O emaranhado de normas pode revelar, por vezes, a ausência de uma diretriz ordenadora do conjunto normativo, evidenciando a inexistência de uma racionalidade política.
[129] BUCCI, 2016b.
[130] Se considerarmos a política de expansão da EPT realizada durante o Governo Lula, os decretos elaborados à época ganham grande relevância para a compreensão desse núcleo normativo.

foi apresentado um projeto de lei de autoria do deputado Octávio Elísio (PMDB-MG), e, após um extenso debate no Congresso Nacional, ela fora aprovada, na versão assinada pelo senador Darcy Ribeiro. Segundo Frigotto, o primeiro projeto de lei apresentado pelo deputado Octávio Elísio, correspondia mais adequadamente à formação profissional integrada à formação geral em seus múltiplos aspectos humanísticos e científico-tecnológicos.[131] Essa afirmação pode ser constatada, segundo o autor, pela transcrição dos objetivos que esse projeto previa para o ensino médio:

> A educação escolar de 2º grau será ministrado apenas na língua nacional e tem por objetivo propiciar aos adolescentes a formação politécnica necessária à compreensão teórica e prática dos fundamentos científicos das múltiplas técnicas utilizadas no processo produtivo.

A Lei de Diretrizes e Bases estabelece, inicialmente, a educação como um processo formativo que se desenvolve em vários ambientes, como na família, no trabalho, nos movimentos sociais, nas instituições de ensino e pesquisa, nas manifestações culturais, entre outros (art. 1º). Apesar dessa conceituação ampla, que abrange a educação formal e não formal, logo em seguida (§1º do art. 1º), a LDB aponta que disciplinará "a educação escolar, que se desenvolve, predominantemente, por meio do ensino, em instituições próprias". Dessa forma, embora a Lei nº 9.394/96 reconheça outros tipos de educação, deixa claro que servirá de instrumento normativo para a regulação da educação formal, desenvolvida em instituições próprias.

No início da LDB, já no §2º do art. 1º, encontramos uma importante premissa para a educação profissional e o ensino em geral, ao definir que: "A educação escolar deverá vincular-se ao mundo do trabalho e à prática social." Essa estipulação possui grande relevância, ao afirmar a necessidade de não produzir um conhecimento estático e apartado da realidade, que não se relacione com o mundo material. Em outro sentido, afirma-se a necessidade da produção e transmissão de um conhecimento que se vincule ao mundo no qual ele é desenvolvido, tendo em mente o caráter dinâmico do conhecimento em relação ao mundo do trabalho e à prática social. Em outras palavras, educação, mundo do trabalho e prática social não estão separados, mas vinculados.

---
[131] FRIGOTTO; CIAVATTA; RAMOS, 2005.

A LDB define dois níveis de educação no país, a saber, a educação básica e a educação superior, de modo que a primeira compreende a educação infantil, ensino fundamental e médio. A educação superior, por sua vez, compreende os cursos de graduação e pós-graduação. Como se vê, em um primeiro momento a educação profissional e tecnológica, embora possuísse um capítulo específico para sua regulamentação, Capítulo III do Título V, não era visualizada como modalidade desvinculada da educação superior ou educação básica. Esse fato não lhe confere menor importância, mas, em outro sentido, significa que a educação profissional e a tecnológica são modalidades que perpassam todos os níveis e etapas, tanto da educação básica como da educação superior. É o que prevê o art. 39 da LDB, ao estabelecer que a EPT "no cumprimento dos objetivos da educação nacional, integra-se aos diferentes níveis e modalidades da educação e às dimensões do trabalho, da ciência e da tecnologia". Dessa forma, pode-se afirmar que a EPT seria uma modalidade de educação transversal à educação básica e à educação superior.[132]

3.1 O Decreto nº 5.154/2004 e o retorno da EPT integrada ao ensino médio

O Decreto nº 5.154/2004 teve o objetivo de regulamentar o §2º do art. 36 e os arts. 39 a 41, que dispunham sobre a educação profissional e tecnológica na LDB. O capítulo que regulamentava a EPT na Lei de Diretrizes e Bases – Capítulo II do Título V – foi inicialmente regulamentado pelo Decreto nº 2.208/97. O Decreto de 1997 causou relevante polêmica entre os educadores do país, considerando que impunha a educação profissional de nível médio apenas de forma concomitante e subsequente ao ensino médio, extinguindo a possibilidade de formação integrada.

As críticas ao decreto, segundo Frigotto, estavam relacionadas ao fato de que a exclusão da modalidade da EPT integrada ao ensino médio prestigiava uma educação mais aligeirada – conforme já dito –, voltada para a satisfação dos anseios produtivos e a rápida inserção do indivíduo no mercado de trabalho. Isso porque os indivíduos passariam por um curso profissional técnico sem entrar em contato, de forma

---

[132] CORDÃO, 2017.

integrada, com os conteúdos propedêuticos do ensino médio, impossibilitando a integração de conhecimentos teóricos com conhecimentos práticos. Dessa forma, ao excluir a possibilidade da EPT integrada ao ensino médio, excluía-se, consequentemente, a possibilidade de uma educação profissional vinculada à formação geral em seus múltiplos aspectos, humanísticos e científicos-tecnológicos.

Nesse sentido, o Decreto nº 5.154/04 foi responsável, entre outras medidas, pela revogação do Decreto nº 2.208/97, possibilitando novamente a integração da EPT ao ensino médio, ao lado das modalidades subsequente e concomitante. É importante sublinhar que Lula tinha como uma das propostas de campanha nas eleições de 2002 justamente a revogação do Decreto de 1997. Assim, o retorno da modalidade integrada entre educação profissional técnica e ensino médio é definida no §1º do art. 4, inciso I, do referido decreto:

> §1º A articulação entre a educação profissional técnica de nível médio e o ensino médio dar-se-á de forma:
> I - integrada, oferecida somente a quem já tenha concluído o ensino fundamental, sendo o curso planejado de modo a conduzir o aluno à habilitação profissional técnica de nível médio, na mesma instituição de ensino, contando com matrícula *única* para cada aluno.

Nos incisos posteriores, II e III, o decreto estabelece a possibilidade das formas concomitante e subsequente para o ensino profissional técnico de nível médio. O §2º do art. 4º estabelece que as instituições de ensino deverão "ampliar a carga horária total do curso, a fim de assegurar, simultaneamente, o cumprimento das finalidades estabelecidas para a formação geral e as condições de preparação para o exercício de profissões técnicas".

Vale ressaltar que um instrumento normativo mais democrático para essas alterações seria o encaminhamento de um projeto de lei ao Congresso Nacional prevendo tais alterações, o que, idealmente, permitiria uma discussão mais ampla pelos representantes do Legislativo e pela sociedade sobre a educação profissional técnica de nível médio. Todavia, considerando a resistência que o governo poderia encontrar por parte de parlamentares, e ainda a tramitação naturalmente mais lenta desse instrumento normativo, optou-se por realizar tais alterações por via de decreto.

O esforço para a construção de uma educação profissional integrada ao ensino médio constitui uma tentativa de superação da dualidade de uma formação geral contraposta à formação técnica, com o objetivo de vincular os conteúdos propedêuticos aos conteúdos técnicos, demonstrando a íntima relação existente entre esses e concretizando uma base unitária de formação geral. Assim, a profissionalização deveria ser integrada com os princípios da ciência, do trabalho e da cultura, ou seja, deveria garantir aos alunos os conhecimentos científicos básicos, produzidos pela humanidade durante a história, necessários para o desenvolvimento das competências e habilidades profissionais. Pode-se apontar que esse objetivo encontra íntima relação com o §2º do art. 1º da LDB, já destacado anteriormente, que estabelece: "A educação escolar deverá vincular-se ao mundo do trabalho e à prática social." Assim, o ensino profissional integrado ao ensino médio seria uma espécie de intensificação desse vínculo necessário entre educação escolar e mundo do trabalho.

Ainda que o Decreto nº 5.154/04 tenha possibilitado o retorno da EPT integrada ao ensino médio, este também foi alvo de críticas por parte dos educadores e pesquisadores da educação profissional. Pode-se afirmar que a política de integração não foi uma prioridade do governo, em virtude de algumas medidas tomadas pelo Ministério da Educação. Isso porque essa integração demandava um encaminhamento ao CNE de uma nova proposta de diretrizes operacionais coerente com a nova concepção, bem como o fomento, por parte do MEC, da implementação do ensino médio integrado nas redes federais e estaduais públicas.[133] Nenhuma dessas ações foi efetivamente realizada,[134] de modo que a integração ficou regulamentada idealmente e inviabilizada concretamente. Em outras palavras, o governo elaborou a previsão de um ensino integrado, mas não garantiu as condições materiais necessárias para sua implementação.

O que se pôde observar, na maioria dos casos, foi a sobreposição de disciplinas de formação geral e de formação específica ao longo do curso, ou o acréscimo de um ano de estudos profissionais aos três anos do ensino médio. Todavia, a integração entre o EPT e o EM exige, em verdade, que a relação entre conhecimentos gerais e específicos seja

---

[133] FRIGOTTO; CIAVATTA; RAMOS, 2005.
[134] Embora as Diretrizes Curriculares Nacionais tenham sido atualizadas às disposições do Decreto nº 5.154/04, tais atualizações foram mais adequadas ao Decreto nº 2.208/97 do que ao Decreto de 2004, segundo Frigotto.

construída constantemente no decorrer da formação, sob os eixos do trabalho, da ciência e da cultura.[135]

É necessário fazer algumas considerações sobre a política de coordenação e cooperação que poderia ter sido efetivada pelo MEC e pelo Setec para a integração do ensino profissional ao ensino médio. Em relação aos ministérios existentes na época, aponta-se que o MEC poderia ao menos ter realizado políticas de articulação com o Ministério do Trabalho e Emprego (MTE), com o Ministério de Ciência e Tecnologia (MCT) e o Ministério de Desenvolvimento, Indústria e Comércio (MDIC). Nesse sentido, sem uma articulação com as políticas setoriais desenvolvidas pelos ministérios referidos, dificilmente se efetivaria uma educação profissional integrada ao ensino médio que fosse capaz de contribuir com as políticas de ciência e tecnologia, geração de emprego e renda, desenvolvimento da indústria e do comércio, entre outras.[136] Isso porque, segundo Moura, uma política pública que envolva a conjugação de conhecimentos propedêuticos, conhecimentos técnicos, mercado de trabalho, demandas produtivas, entre outros, necessita da interlocução entre os órgãos internos do governo (ao menos ministérios e secretarias) para a construção de uma política pública intersetorial.[137]

Outro ponto que serviu de obstáculo foi a falta de políticas de coordenação e cooperação entre o MEC e a Setec com os sistemas estaduais e municipais de educação, de modo a conferir subsídios para a construção de infraestrutura adequada para as instituições, formação de professores para atuar nessa modalidade de educação integrada, técnicos administrativos, entre outros fatores. Também poderia ter sido realizada uma maior articulação e comunicação entre o MEC e o Conselho Nacional de Educação (CNE), os Conselhos Estaduais de Educação (CEEs), Conselhos Municipais de Educação (CMEs), o Conselho Nacional de Secretários da Educação (CONSED), com o objetivo de consolidar uma efetiva educação profissional tecnológica integrada com o ensino médio.[138]

Essas políticas de articulação estariam em sintonia com o próprio art. 211, *caput*, da Constituição, que estabelece a necessidade de um regime de colaboração para a organização dos sistemas de ensino da

---

[135] FRIGOTTO; CIAVATTA; RAMOS, 2005.
[136] BRASIL, 2007.
[137] BRASIL, 2007.
[138] BRASIL, 2007.

União, dos estados, do Distrito Federal e dos municípios. Dessa forma, a distribuição de responsabilidades entre os entes federados poderia operacionalizar a efetivação da política em questão.

Segundo Frigotto, Ciavatta e Ramos,[139] a Resolução nº 01/2005 – fundamentada pelo Parecer nº 39/2004 –, responsável por adequar as Diretrizes Curriculares Nacionais ao Decreto de 2004, evidencia a desarmonia na construção de uma educação integrada. Isso pode ser percebido no fato de que a resolução fala em *simultaneidade* e *independência* entre o ensino profissional e o ensino médio. Ora, se a integração entre esses níveis de educação é realizada na mesma instituição de ensino, em uma única matrícula, visando a conectar os conhecimentos propedêuticos e técnicos, qual seria o sentido de conferir independência entre os cursos? Não estaria essa independência reforçando a antiga dicotomia entre uma educação voltada para a cidadania e a formação geral e outra voltada apenas para o mercado de trabalho?

Em outra margem, vale ressaltar que a manutenção da possibilidade do ensino profissional técnico de nível médio nas formas concomitante e subsequente não seria necessariamente negativa, tendo em vista as necessidades diversas dos trabalhadores e os seus diferentes níveis de formação. Para ilustrar esse fato, podemos considerar um indivíduo que já tenha concluído o ensino médio e encontre na modalidade subsequente a possibilidade de continuar no seu processo de estudo e qualificação. A modalidade integrada, que compreende apenas alunos que não concluíram o ensino médio, não seria possível para esse indivíduo.

Percorrendo as regulamentações do decreto, aponta-se que o art. 2º e seus incisos definem que a educação profissional terá como premissa a organização, por áreas profissionais, em função da estrutura sócio-ocupacional e tecnológica, bem como a articulação de esforços das áreas da educação, do trabalho e emprego e da ciência e tecnologia (incisos I e II). Dessa forma, ao invés de organizar os cursos profissionais de forma fragmentada e dispersa, esses deverão ser estruturados de acordo com os itinerários formativos. Isso significa que se levam em conta, para a estruturação dos cursos, as profissões existentes no mercado de trabalho e os diferentes níveis de avanço nessas profissões (idealmente uma qualificação corresponde a uma ocupação existente), bem como a observância ao princípio da continuidade dos estudos, garantindo

---

[139] FRIGOTTO; CIAVATTA; RAMOS, 2005.

ao aluno o progressivo avanço em seu processo de aprendizagem. Os incisos III e IV estabelecem as premissas do trabalho como princípio educativo – tema que será abordado em tópico específico – e da indissolubilidade entre teoria e prática. A afirmação dessa indissolubilidade demonstra a importância de relacionar os conhecimentos apreendidos com a utilidade prática desses para a vida e os processos produtivos. Esses dois incisos foram acrescentados pelo Decreto nº 8.268/14.

Por fim, ainda que o Decreto nº 5.154/04 tenha trazido novamente a possibilidade da educação profissional integrada ao ensino médio – considerada uma reivindicação importante por parte de movimentos vinculados à EPT –, não deixou de sofrer críticas por parte de pesquisadores e professores da educação profissional. Esses pesquisadores afirmavam que as políticas subsequentes ao referido decreto poderiam ter realizado uma integração mais intensa entre formação geral e formação profissional. Os avanços no campo da educação, entretanto, são graduais, ocorrendo mais por meio de passos e menos por meio de saltos.

3.2 As alterações na LDB através da Lei nº 11.741/08

Umas das mais amplas alterações na LDB no que se refere à educação profissional e tecnológica foi introduzida pela Lei nº 11.741/08, que teve por objetivo "redimensionar, institucionalizar e integrar as ações da educação profissional técnica de nível médio, da educação de jovens e adultos e da educação profissional e tecnológica". Dessa forma, a lei modificou a redação dos artigos 37, 39, 41 e 42 e acrescentou ao Capítulo II do Título V uma seção inteira denominada "Da Educação Profissional Técnica de Nível Médio", que compreende os artigos 36-A, 36-B, 36-C e 36-D, localizados na seção IV-A.[140]

Sobre os artigos acrescidos, destaca-se que o artigo 36-A estabelece que "o ensino médio, atendida a formação geral do educando, poderá prepará-lo para o exercício de profissões técnicas". Nesse ponto, é importante destacar que o trecho "atendida a formação geral" se refere à necessidade de o aluno entrar em contato com os conteúdos propedêuticos dessa fase escolar, de modo que a educação profissional poderia complementar o currículo, mas não substituir o conteúdo mínimo estabelecido pelas diretrizes nacionais curriculares para o ensino médio.

---

[140] Lei nº 11.741/08 citada por SAVIANI, 2016.

O artigo 36-B define que a educação profissional de nível médio será oferecida de duas formas: "articulada com o ensino médio" ou "subsequente, destinada a quem já tenha concluído o ensino médio". Para maior compreensão, destaca-se que a forma articulada se divide em duas, quais sejam, integrada e concomitante. A primeira "oferecida somente a quem já tenha concluído o ensino fundamental, na mesma instituição de ensino, efetuando-se matrícula única para cada aluno", e a concomitante "oferecida a quem ingresse no ensino médio ou já o esteja cursando, efetuando-se matrículas distintas para cada curso", podendo ocorrer na mesma instituição de ensino ou em instituições distintas. Essas informações, referente às duas modalidades da educação profissional articulada com o ensino médio, estão presentes no art. 36-C.

Com efeito, o artigo que encerra a seção, o 36-D, define que: "Os diplomas de cursos de educação profissional técnica de nível médio, quando registrados, terão validade nacional e habilitarão ao prosseguimento de estudos na educação superior." O conteúdo desse artigo tem muita importância se considerarmos que, em outros períodos da história do Brasil, a conclusão de um curso técnico não habilitava para continuidade nos estudos em instituições de ensino superior. Essa distinção acentuava o dualismo existente entre o ensino oferecido às classes altas, voltado a formar lideranças do país e ocupar os cargos de maior destaque e o ensino oferecido aos filhos dos trabalhadores, cujo objetivo era formar rapidamente mão de obra para produção em série e padronizada, e consequente inserção no mercado de trabalho.

O parágrafo único do referido artigo positiva que os cursos subsequente, "quando estruturados e organizados em etapas com terminalidade, possibilitarão a obtenção de certificados de qualificação para o trabalho após a conclusão, com aproveitamento, de cada etapa que caracterize uma qualificação para o trabalho".[141]

Em relação aos artigos modificados pela Lei nº 11.741/08, ressalta-se que o art. 37, que trata da Educação de Jovens e Adultos (EJA), incluiu o §3º, estabelecendo que "a educação de jovens e adultos deverá articular-se, preferencialmente, com a educação profissional, na forma do regulamento". Essa previsão mostra a importância da EPT para os jovens e adultos, tendo em vista que a idade por vezes avançada desse público-alvo e o fato de alguns serem pais e mães, obriga-os a ingressar

---

[141] BRASIL, 1998.

no mercado de trabalho com maior rapidez, de modo que a qualificação profissional oferecida pela EPT aparece como um caminho possível.

Os demais artigos que agora serão abordados pertencem ao Capítulo III da LDB, antes denominado "Da Educação Profissional" e que, com o advento da Lei nº 11.741/08, ganhou a denominação de "Da Educação Profissional e Tecnológica". Dessa forma, o art. 39 estabelece que "a educação profissional e tecnológica, no cumprimento dos objetivos da educação nacional, integra-se aos diferentes níveis e modalidades de educação e às dimensões do trabalho, da ciência e da tecnologia". O §1º desse artigo afirma que os cursos de EPT "poderão ser organizados por eixos tecnológicos, possibilitando a construção de diferentes itinerários formativos, observadas as normas do respectivo sistema e nível de ensino". Pode-se observar a concretização dessa previsão normativa ao analisarmos o CNCT, que separa os 227 cursos técnicos em 13 eixos tecnológicos, conforme apontado anteriormente.

Ainda em relação ao art. 39, o seu §2º define as três formas distintas que a educação profissional e tecnológica será oferecida, quais sejam, "formação inicial e continuada ou qualificação profissional", "educação profissional técnica de nível médio" e "de educação profissional tecnológica de graduação e pós-graduação". Por fim, o §3º deixa estabelecido que "os cursos de educação profissional tecnológica de graduação e pós-graduação organizar-se-ão, no que concerne a objetivos, características e duração, de acordo com as diretrizes curriculares nacionais estabelecidas pelo Conselho Nacional de Educação".

O art. 41, segundo Francisco Cordão, é uma das grandes novidades da Lei nº 11.471/08,[142] ao estabelecer que "o conhecimento adquirido na educação profissional e tecnológica, inclusive no trabalho, poderá ser objeto de avaliação, reconhecimento e certificação para prosseguimento ou conclusão de estudos". Esse artigo possibilita a validação de conhecimentos práticos adquiridos durante a formação e o exercício profissional, demonstrando a importância do *saber fazer* e o seu reconhecimento formal.

Em sintonia com o artigo 41, podemos destacar a existência do programa criado em 2009 pelo governo federal denominado Rede Certific, que visa ao atendimento de trabalhadores que buscam o reconhecimento formal de saberes, competências profissionais e conhecimentos desenvolvidos em processos formais, como também em processos não

---

[142] CORDÃO, 2017.

formais de aprendizagem.[143] Desse modo, os conhecimentos adquiridos por processos de educação informal, como na trajetória de vida e trabalho, podem ser reconhecidos e validados formalmente pelo governo por meio de processos de certificação profissional. O programa Certific tem como um dos objetivos o reforço da valorização social pelos empregados e empregadores.

O processo de certificação acontece em cinco etapas: 1) inscrição; 2) reunião com professores e preenchimento de formulário socioprofissional; 3) diálogo com especialistas e colegas de profissão; 4) curso rápido de preparação para avaliação; 5) avaliação. Dessa forma, na hipótese de ser confirmada a competência profissional do trabalhador, ele receberá o certificado; em hipótese contrária, em que seja constatada a necessidade de aperfeiçoamento, o trabalhador é encaminhado para cursos de especialização em sua área. O programa foi criado pela Portaria Interministerial nº 1082/2009, do Ministério da Educação (MEC) e do Ministério do Trabalho e Emprego (MTE).

Por fim, o art. 42 define que "as instituições de educação profissional e tecnológica, além dos seus cursos regulares, oferecerão cursos especiais, abertos à comunidade, condicionada a matrícula à capacidade de aproveitamento e não necessariamente ao nível de escolaridade". Nesse ponto, duas partes chamam atenção. A primeira refere-se ao oferecimento de cursos especiais abertos à comunidade, o que pode demonstrar uma intenção do Estado de progressiva inclusão de parte da sociedade na educação profissional e tecnológica. A segunda diz respeito à inovação dos critérios de matrícula, que devem levar em conta a capacidade de aproveitamento dos indivíduos e não apenas o grau escolar, garantindo o reconhecimento de saberes e conhecimentos não institucionalizados.

3.3 A Lei nº 11.892/2008 e a criação dos institutos federais

No início de 2009 a educação profissional e tecnológica no Brasil foi marcada por uma relevante inovação na sua estrutura, a partir da inscrição de uma nova institucionalidade à Rede Federal de EPT. Nesse sentido, a Lei nº 11.892/08 foi responsável pela transformação dos

---

[143] Considerações feitas pelo professor Paulo Roberto Wollinger durante a qualificação da presente dissertação.

Centros Federais de Educação Tecnológica (Cefets), Escolas Técnicas vinculadas às universidades federais, Escolas Técnicas e Agrotécnicas Federais (ETFs e EAFs) em institutos federais de Educação, Ciência e Tecnologia.

Antes de adentrar a análise dos institutos federais, é relevante fazermos uma breve retrospectiva do surgimento da Rede Federal de Educação Profissional e Tecnológica. Sua gênese pode ser encontrada na criação das 19 Escolas de Aprendizes e Artífices por Nilo Peçanha, em 1909, abordada com mais detalhes no item 2.2 desse trabalho. As Escolas de Aprendizes e Artífices foram transformadas em liceus industriais em 1937, durante o Estado Novo de Vargas. Após a equiparação do ensino profissional ao ensino médio, essas instituições ganham a denominação de Escolas Industriais e Técnicas, e, em 1959, no governo de JK, ganham a configuração de autarquia, passando a ser chamadas de Escolas Técnicas Federais. No decorrer desses anos, algumas Escolas Agrotécnicas Federais são criadas, vinculadas ao Ministério da Agricultura, até fazerem parte do MEC em 1967, e tornarem-se Escolas Agrícolas. Já em 1978, três Escolas Técnicas Federais localizadas em Minas Gerais, Rio de Janeiro e Paraná, transformam-se em Centros Federais de Educação Tecnológica (Cefet), e, posteriormente, já na década de 1990, outras várias Escolas Técnicas e Agrotécnicas se transformam em Cefets.[144]

É a partir dessa base institucional dos Cefet, das Escolas Técnicas, Agrotécnicas, bem como escolas vinculadas às universidades federais, que são criados os institutos federais de Educação, Ciência e Tecnologia, aprimorando e avançando no próprio desenho institucional e na potencialidade de oferta de educação profissional. Após essa brevíssima retrospectiva histórica da Rede Federal, passemos à análise da sua base normativa.

A Lei nº 11.892/2008 foi responsável por instituir a Rede Federal de Educação Profissional, Científica e Tecnológica e por criar os Institutos Federais de Educação, Ciência e Tecnologia. Para compreender melhor a organização da Rede Federal, podemos discorrer brevemente sobre quais instituições a compõe. A Rede Federal de EPT faz parte do sistema federal de ensino, tendo a União como ente federativo responsável por mantê-la, e é composta pelas instituições que seguem (art. 1º):

---

[144] VIDOR; PACHECO; PEREIRA, 2009.

- Institutos Federais de Educação, Ciência e Tecnologia;
- Universidade Tecnológica Federal do Paraná (UTFPR);
- Centros Federais de Educação Tecnológica Celso Suckow da Fonseca – Cefet/RJ e de Minas Gerais (Cefet/MG);
- Escolas Técnicas vinculadas às universidades federais;
- Colégio Pedro II.

Nesse sentido, percebemos que a rede não foi composta por uma única institucionalidade, mas sim por quatro institucionalidades diferentes, conforme observamos no artigo antes descrito, como também nos apontamentos de Gustavo Moraes.[145] A primeira seria a institucionalidade dos próprios institutos federais enquanto figura inovadora no âmbito da EPT. A segunda é a institucionalidade da UTFPR – antigo Cefet-PR, transformado posteriormente em universidade tecnológica. A terceira seria a institucionalidade do Cefet-RJ e MG, que não aceitaram a transformação em institutos federais na esperança de transformarem-se em universidades tecnológicas. E, por fim, o caráter institucional das Escolas Técnicas vinculadas às universidades federais.[146]

3.3.1 A institucionalidade dos institutos federais

Em um primeiro momento, para focarmos a dimensão institucional dos Institutos Federais de Educação, Ciência e tecnologia (IFETs), podemos apontar que esses são definidos como "instituições de educação superior, básica e profissional, pluricurriculares e multi*campi*, especializados na oferta de educação profissional e tecnológica nas diferentes modalidades de ensino, possuindo como base a conjugação de conhecimentos técnicos e tecnológicos com suas práticas pedagógicas" (art. 2º).

Os IFETs possuem o papel, também, de atuar como acreditadores e certificadores de competências profissionais (art. 2º, §2º). Interessante notar que os IFETs, ao ficarem responsáveis pela articulação da educação profissional nas modalidades de educação básica à superior, podem desenvolver os três níveis de educação profissional e tecnológica previstos na LDB e já apontados anteriormente, a saber: I - formação inicial e continuada ou qualificação profissional; II - educação profissional técnica de nível médio; III - educação profissional tecnológica de

---

[145] MORAES, 2016.
[146] MORAES, 2016.

graduação e pós-graduação. Dito de outra forma, os institutos oferecem cursos técnicos (integrados ou não com o ensino médio), licenciaturas, graduação tecnológica, especializações, mestrados profissionais e, ainda, doutorados.

Uma das maiores diferenças entre a institucionalidade do Cefet e dos institutos federais está no fato de que esses ganharam, no âmbito do ensino superior, um grau de autonomia equiparado ao das universidades federais.[147] Assim, os institutos podem criar e extinguir cursos, no território em que atuam, bem como registrar os diplomas dos cursos que oferecem (Art. 2º, §3º, da Lei nº 11.892/2008). De acordo com Moraes, a autonomia dos institutos seria ainda maior do que das universidades federais, tendo em vista que aqueles possuem autonomia em todas as suas localidades de oferta – critério amplo, considerando o fato de que são multi*campi* –, enquanto essas guardam autonomia apenas em relação às suas sedes.[148]

Sobre a organização interna, a administração dos institutos é composta por dois órgãos superiores, quais sejam, Colégio de Dirigentes e Conselho Superior (art. 10), sendo que o reitor do instituto ocupará o cargo de presidente desses conselhos (art. 10º, §1º). O Colégio de Dirigentes possui caráter consultivo e é composto "pelo Reitor, pelos Pró-Reitores e pelo Diretor-Geral de cada um dos *campi* que integram o Instituto Federal" (art. 10 §2º).

O Conselho Superior, por sua vez, tem caráter consultivo e deliberativo, e sua composição é formada por "representantes dos docentes, dos estudantes, dos servidores técnico-administrativos, dos egressos da instituição, da sociedade civil, do Ministério da Educação e do Colégio de Dirigentes do Instituto Federal (...)". A reitoria, que é composta por um reitor e cinco pró-reitores, tem a função de atuar como órgão executivo dos institutos (art. 11).

Os reitores são nomeados pelo presidente da República para ocuparem um mandato de quatro anos, sendo possível a recondução ao cargo com a realização de um processo de consulta da comunidade acadêmica dos respectivos institutos.

Os IFETs possuem natureza jurídica de autarquia e dispõe de autonomia administrativa, financeira, patrimonial, disciplinar e

---

[147] MORAES, 2016.
[148] MORAES, 2016.

didático-pedagógica.[149] Sobre a institucionalidade dos IFETs enquanto rede, apontamos a entrevista com gestores do Setec/MEC, retirada do trabalho de Cassiolato:

> Os institutos têm uma percepção de rede maior do que a universidade enquanto instituição. A universidade tem entendimento e prática de rede, mas de grupos acadêmicos, não de instituições. Tem uma ação na expansão dos institutos federais que ajudou muito essa questão de institucionalidade em rede que foi a atuação dos Conselhos, consolidados por um histórico marcante como espaço de articulação. Já existiam o CONCEFET (Conselho de Dirigentes dos CEFETs), o CONEAF (Conselho dos Dirigentes das agrotécnicas) e o CONDETUF (Conselho de Dirigentes das escolas técnicas vinculadas às universidades federais, que ainda existem). Com a criação dos institutos, o CONEAF e o CONCEFET se fundiram (não foi muito fácil chegar a isso) e se criou o CONIF (Conselho Nacional das Instituições da Rede Federal de Educação Profissional, Científica e Tecnológica). O CONIF reúne os reitores e têm as câmaras dos pró-reitores (ensino, pesquisa, extensão, planejamento, administração) e a câmara de educação no campo, que é um fórum de educação muito ativo.[150]

Sobre a sua especificidade institucional, sublinhamos que a figura do instituto federal foi criada em 2008, a partir da Lei nº 11.892/08, tendo em vista que esse se constitui como uma instituição de EPT diferente tanto dos Cefet como das universidades tecnológicas. De acordo com Moraes, embora a própria lei use o verbo "criar" e não "transformar" ao referir-se aos institutos federais, é necessário lembrar que esses se valeram, em boa parte, de uma materialidade institucional inscrita nos próprios Cefets,[151] ainda que tenham avançado na elaboração de seu arranjo institucional específico. Os institutos são criados como autarquias de regime especial de base educacional humanístico-técnico-científica, tendo, na territorialidade e na proposta pedagógica, elementos ímpares para sua definição identitária, e ainda elegendo como premissa de sua prática educacional a prevalência do bem social sobre os demais interesses.[152]

---

[149] CASSIOLATO; GARCIA, 2014.
[150] CASSIOLATO; GARCIA, 2014, p. 18-19.
[151] MORAES, 2016.
[152] PACHECO, 2010.

3.3.2 O critério territorial dos institutos federais: fortalecimento das especificidades regionais

Devemos grifar a relevância do critério da territorialidade dos institutos, considerando que esses devem "orientar sua oferta formativa em benefício da consolidação e fortalecimento dos arranjos produtivos, sociais e culturais locais" (art. 6º, IV), bem como desenvolver a educação profissional e tecnológica considerando as "demandas sociais e as peculiaridades regionais" (art. 6º, II). Essa previsão normativa tem grande importância, pois leva em conta a especificidade do Estado brasileiro, formado por capacidades produtivas diversas na composição dos seus 26 estados mais o Distrito Federal.

Cada região do Brasil, considerando Centro-Oeste, Sul, Sudeste, Norte e Nordeste, possui especificidades na produção econômica que devem ser observadas na construção do ensino e no desenvolvimento de novas tecnologias que podem, inclusive, ampliar as capacidades produtivas de cada região. Assim, todas as unidades que foram criadas após 2008 passaram por um processo de audiência pública, com o objetivo de definir os cursos oferecidos em sintonia com os arranjos sociais de cada região.[153]

Para além das especificidades econômicas de cada região, a premissa de vincular a construção de conhecimento com a realidade territorial que o instituto está inserida possui um grande potencial pedagógico. Isso porque se busca construir um conhecimento a partir da realidade social vivenciada pelos estudantes, considerando os problemas e desafios específicos daquela região. Esse método de institucionalização e de diretriz pedagógica possui um forte potencial, pois não aposta na construção de um conhecimento abstrato desvinculado da realidade em que está inserido, mas, em outro sentido, tem como premissa as especificidades do contexto social para a construção do conhecimento. As diretrizes apontadas possuem estreita relação com o método desenvolvido por Paulo Freire para a alfabetização de adultos, que buscava aproximar o conteúdo apreendido da realidade dos próprios estudantes.

Entretanto, é sempre importante recordar que essa especificidade sempre está inserida em uma universalidade, de modo que a peculiaridade regional e a amplitude nacional não são componentes

---

[153] CASSIOLATO; GARCIA, 2014.

que se excluem, mas, de outro modo, que interagem entre si de forma complementar. Em outras palavras, não há uma relação de exclusão, mas de integração entre as dimensões nacional e regional, pois a compreensão das especificidades de uma mesorregião pode auxiliar no melhor entendimento da totalidade em que essa região está inserida, de modo que os próprios problemas nacionais podem ser mensurados a partir de uma outra perspectiva, visualizados não só do centro, mas também de locais interioranos. Isso apenas para dizer que os problemas regionais, encontrados em determinadas localidades, não permanecem isolados em suas regiões, mas se articulam com os problemas nacionais de maneira dialética. Nacionalidade e regionalidade não estão separadas, ao contrário, formam uma unidade.

A partir dessa premissa pedagógica, possibilita-se ao indivíduo a produção de conhecimentos a partir de uma prática interativa com a realidade, emponderando-o para que possa, em alguma medida, influenciar nos destinos daquela região.[154] A abrangência territorial das ações do instituto pode ser compreendida pela mesorregião em que se localiza. A mesorregião, por sua vez, pode ser entendida como

> uma área individualizada, em uma unidade da Federação, que apresente formas de organização do espaço definidas pelas seguintes dimensões: o processo social, como determinante, o quadro natural, como condicionante e, a rede de comunicação e de lugares, como elemento de articulação espacial. Estas três dimensões deverão possibilitar que o espaço delimitado como mesorregião tenha uma identidade regional. Esta identidade é uma realidade constituída ao longo do tempo pela sociedade que aí se formou.[155]

Como se vê, a determinação advinda do processo social, o condicionamento dos fatores naturais do local e a articulação estabelecida pela rede de comunicação são essenciais para delimitar as peculiaridades da região em que o instituto irá funcionar, além de auxiliar na aproximação com a identidade regional, que ele deverá ter como premissa.

Para não olharmos apenas para a dimensão normativa, considerando o possível diálogo entre direito e política, faremos alguns apontamentos sobre o contexto político que antecedeu a criação dos institutos. Em 2005, durante o primeiro mandato do Governo Lula,

---

[154] PACHECO; PEREIRA; SOBRINHO, 2010.
[155] Dados do IBGE citados por PACHECO; PEREIRA; SOBRINHO, 2010.

foi anunciado o Plano de Expansão da Rede Federal de Educação Profissional e Tecnológica, que previa a construção de 65 unidades de EPTs. Dois anos após, em 2007, conjuntamente com a criação do Plano de Desenvolvimento da Educação (PDE) do MEC, o governo anunciou a construção de mais 150 unidades de EPT, até 2009, abrangendo todos os estados e o Distrito Federal.[156]

A publicação do Decreto nº 6.095/2007, de iniciativa do ministro da Educação à época, Fernando Haddad, e da equipe técnica do MEC, iniciou a construção do terreno normativo para esse processo, tendo em vista que o decreto estabelecia as "diretrizes para o processo de integração de instituições federais de educação tecnológica, para fins de constituição dos Institutos Federais de Educação, Ciência e Tecnologia", formatando, assim, as primeiras configurações da reorganização das instituições da Rede Federal. É claro que essa transformação não era um consenso na sociedade civil. Podemos citar, por exemplo, que parte dos educadores e professores da rede apoiavam a transformação dos Cefets em universidades tecnológicas, de tal forma que vários seminários e fóruns foram realizados para alavancar o debate em torno da criação desse outro tipo de instituição.

O seminário nacional realizado em outubro de 2005 denominado "Cefet e Universidades Tecnológicas: identidades e modelos", apoiado inclusive pela Secretaria de Educação Profissional e Tecnológica (Setec/MEC),[157] é um exemplo de outros projetos de EPT existentes na sociedade, bem como de que a ideia de institutos federais foi sendo construída, no próprio governo, de forma gradual. Essa concepção de universidade tecnológica foi fortalecida com a transformação, em 2005, do Cefet-PR em Universidade Federal Tecnológica do Paraná (UTFPR), primeira universidade tecnológica criada no Brasil por meio da Lei nº 11.184/05. Eliezer Pacheco aponta que houve dois momentos distintos que marcaram a reconfiguração institucional dos Cefets: "O primeiro teve início com a criação da Universidade Tecnológica Federal do Paraná (UTFPR), e o segundo com a edição do Decreto do Ministro da Educação."[158]

Entretanto, parte da resistência aos institutos estava no fato de que a figura institucional de universidade tecnológica já era conhecida

---

[156] PACHECO; PEREIRA; SOBRINHO, 2010.
[157] PACHECO; PEREIRA; SOBRINHO, 2010.
[158] PACHECO; PEREIRA; SOBRINHO, 2010.

pela sociedade e consolidada em políticas anteriores, ao contrário da figura dos institutos, que representava algo completamente novo, sem experiência anterior e antecedentes históricos que pudessem esclarecer essa formatação institucional.[159] Também é possível apontar, como faz Gustavo Moraes,[160] que a resistência advinha de uma cultura bacharelesca presente no Brasil, que via o ingresso nas universidades como única forma possível de ascensão social, relegando a outras instituições de educação uma posição periférica para a formação humana.

Considerando que a norma jurídica posta representa a cristalização da disputa de interesses divergentes na sociedade – envolvendo atores sociais, atores governamentais e não governamentais, entidades representativas etc. –, podemos afirmar que a compreensão da disputa política que antecede a aprovação de uma norma é fundamental para melhor entendimento da própria norma, ou, mais especificamente, da política pública institucionalizada pela norma. Cabe ressaltar, aqui, que as normas aprovadas pelo Legislativo costumam representar ou a vitória de um dos interesses em disputa, ou a conciliação e coalizão de dois ou mais interesses divergentes. Nesse sentido, os institutos federais são responsáveis por uma ampla mobilização social no âmbito da educação profissional, o que pode lhes conferir um papel relevante enquanto ator político nessas disputas de interesses referidas.

A perspectiva esboçada possui sintonia com a afirmação de Eliezer Pacheco, que defende a função dos institutos federais enquanto "agentes estratégicos na estruturação das políticas públicas"[161] de educação profissional e tecnológica na região que estão estabelecidos. Assim, os institutos poderiam auxiliar na mediação de interesses divergentes advindos de diferentes grupos,[162] bem como atuar na defesa dos valores que permeiam a própria concepção de instituto federal, quais sejam, justiça social e educação humanístico-técnico-científica.

Nesse ponto da discussão, vem à luz a ideia de permanência institucional e mudança política, pois embora outros governos – com concepções políticas e ideológicas divergentes – possam atuar para a modificação das diretrizes dos IFETs, Eliezer Pacheco aponta para a habilidade endógena dos institutos federais de formularem alternativas

---

[159] DOMINGOS SOBRINHO, [2022].
[160] MORAES, 2016
[161] PACHECO, 2010.
[162] PACHECO, 2010.

para a EPT mais vinculadas com as concepções dos institutos do que com a própria ideologia do governo que eventualmente esteja à frente do Estado. Todavia, essa consolidação de um substrato institucional próprio não é formada no momento da criação das instituições, mas, em outro sentido, leva tempo e demanda experimentações.

3.3.3 Os institutos federais em números

Atualmente, a Rede Federal de EPT conta com 654 unidades espalhadas em todo o Brasil, nas 27 unidades federativas do Estado Brasileiro. Dessas instituições, 92,91% pertencem ao Instituto Federal de Educação, Ciência e Tecnologia; 2,31% ao Cefet; 2,98% são formadas por Escolas Técnicas vinculadas às universidades e 1,79% ao Colégio Pedro II.[163] Como se vê, as instituições de EPT da Rede Federal estão integradas, majoritariamente, aos institutos federais. Em dados mais precisos, das 654 unidades, 589 fazem parte dos institutos. Para melhor visualização dos dados, o gráfico a seguir expõe os números citados.

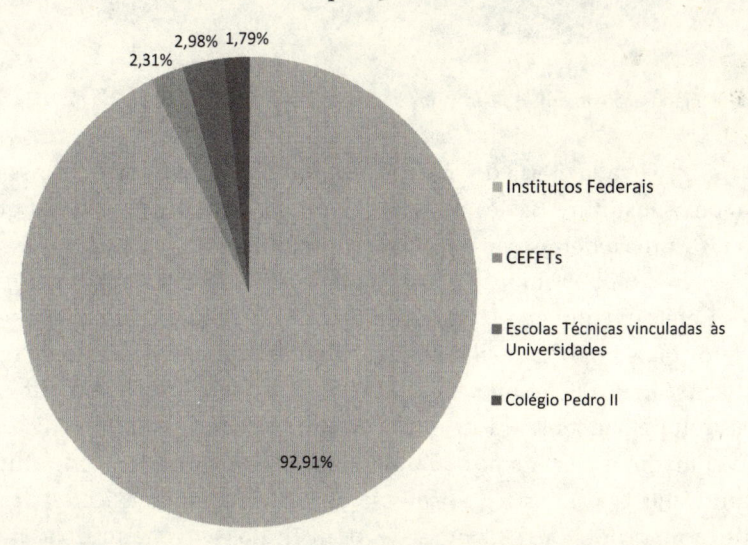

Gráfico 1 – Composição da Rede Federal

Fonte: Elaboração do autor a partir dos dados da Plataforma Nilo Peçanha ([2021]).

---

[163] PLATAFORMA NILO PEÇANHA, [2021].

Entre as diversas modalidades de EPT oferecidas pela Rede Federal – curso técnico, graduação, licenciatura, mestrado –, a maior oferta encontra-se nos cursos técnicos. O gráfico a seguir demonstra, de forma mais exata, essa porcentagem.

Gráfico 2 – Tipos de curso oferecidos

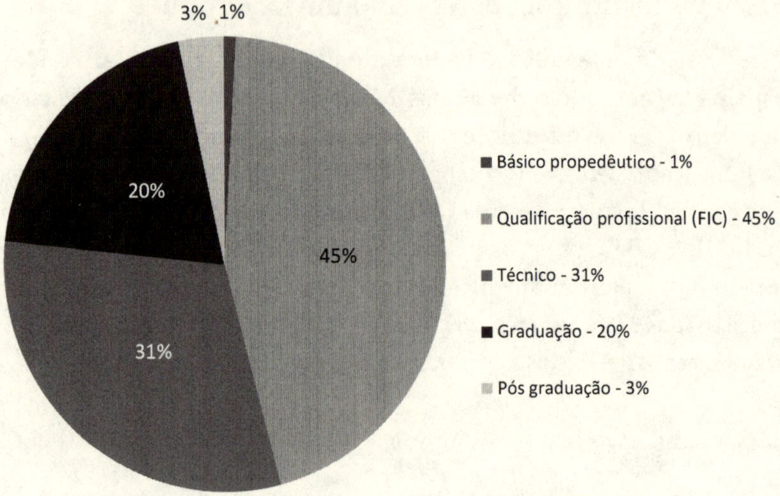

- Básico propedêutico - 1%
- Qualificação profissional (FIC) - 45%
- Técnico - 31%
- Graduação - 20%
- Pós graduação - 3%

Fonte: Elaboração do autor a partir dos dados da Plataforma Nilo Peçanha ([2021]).

A elevada oferta dos cursos técnicos e de qualificação profissional pelos institutos não é um acaso. Primeiro, devemos considerar que os institutos federais não queriam se tornar instituições bacharelescas de ensino, o que remonta à própria discussão sobre a transformação dos Cefets em universidades tecnológicas. Em segundo lugar, e talvez o fator mais importante à explicação de tais números, é o fato de que a Lei nº 11.892/08 definiu, em seu art. 8º, que o instituto federal deverá garantir pelo menos 50% de oferta de educação profissional técnica de nível médio e pelo menos 20% de cursos superiores de licenciatura, com vistas à formação de professores para o ensino básico e para a educação profissional. Como se vê, os institutos têm cumprido as porcentagens estabelecidas pela lei que os criaram, e, em sintonia com os apontamentos de Moraes, preservado uma identidade própria, que não se confunde com a das universidades.

Os diversos cursos oferecidos são organizados em 13 eixos tecnológicos, quais sejam:

- Ambiente e Saúde;
- Controle e Processos Industriais;
- Desenvolvimento Educacional e Social;
- Gestão e Negócios;
- Informação e Comunicação;
- Infraestrutura;
- Produção Alimentícia;
- Produção Cultural e Design;
- Produção Industrial;
- Propedêutico;
- Recursos Naturais;
- Segurança;
- Turismo, Hospitalidade e Lazer.

Inseridos nesses eixos tecnológicos, há um total de 10.643 cursos oferecidos pelos institutos federais. Existe a divisão, ainda, em 48 subeixos tecnológicos, que vão de Pesca e Pecuária até Arte e Cultura. O Catálogo Nacional de Cursos Superiores (CNCS) em Tecnologia auxilia na divulgação dos diferentes cursos oferecidos, servindo como um guia de informações a respeito do perfil de competências de um tecnólogo. A atualização desse catálogo tem como objetivo acompanhar a dinamicidade do setor produtivo e as demandas da sociedade civil, sendo que tal atividade é coordenada pela Secretaria de Regulação e Supervisão da Educação Superior (Seres) e pela Setec.[164] Outra função importante do CNCS está em detalhar diversas informações sobre cada curso oferecido, tais como infraestrutura mínima requerida, número de horas, perfil profissional, campo de atuação e possibilidade de prosseguimento na pós-graduação.[165]

Dos 13 eixos tecnológicos, podemos encontrar a maior concentração de matrículas nos cursos de Desenvolvimento Educacional e Social, que possui 21,50% das matrículas. O gráfico a seguir demonstra a porcentagem de matrícula em cada eixo:

---

[164] BRASIL, 2016a.
[165] BRASIL, 2016a.

Gráfico 3 – Distribuição de matrículas por eixo tecnológico

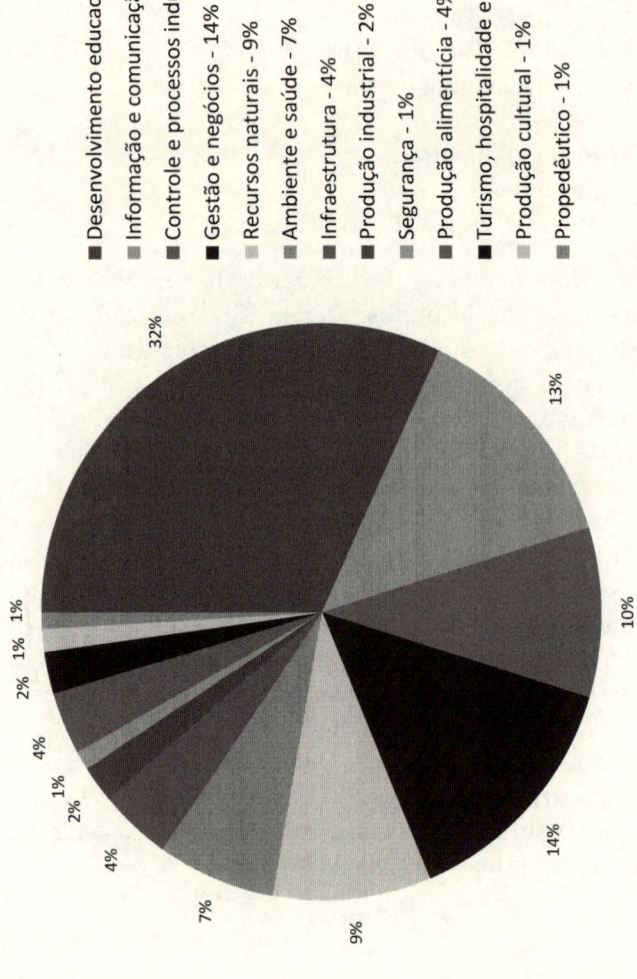

- Desenvolvimento educacional e social - 32%
- Informação e comunicação - 13%
- Controle e processos industriais - 10%
- Gestão e negócios - 14%
- Recursos naturais - 9%
- Ambiente e saúde - 7%
- Infraestrutura - 4%
- Produção industrial - 2%
- Segurança - 1%
- Produção alimentícia - 4%
- Turismo, hospitalidade e lazer - 2%
- Produção cultural - 1%
- Propedêutico - 1%

Fonte: Elaboração do autor a partir dos dados da Plataforma Nilo Peçanha, ([2021]).

Como podemos observar a partir dos dados expostos, as matrículas dos cursos concentram-se nos eixos tecnológicos de Desenvolvimento Educacional e Social (32%), Informação e Comunicação (13%), Gestão e Negócios (14%), Recursos Naturais (9%) e Controle e Processos Industriais (10%). As áreas ligadas à produção, tais como Produção Industrial e Produção Alimentícia, representam um reduzido número de matrículas. Embora haja necessidade de uma pesquisa mais aprofundada que relacione as causas e os motivos que fundamentam tais números, uma hipótese é a de que o crescimento do setor de serviços, em detrimento do setor manufatureiro, nos últimos 30 anos, acabou influenciando no baixo número de matrículas em cursos relacionados ao setor produtivo e, de maneira semelhante, no elevado número de matrículas em cursos vinculados ao setor de serviços. Esse tema será tratado, com maiores detalhes, no Capítulo 5 do presente livro.

3.4 O Pronatec e a expansão da educação profissional

Em 26 de outubro de 2011, foi sancionada, pela presidenta Dilma Rousseff, a Lei nº 12.513, responsável por instituir o Programa Nacional de Acesso ao Ensino Técnico e Emprego (Pronatec). Esse programa dava continuidade à expansão da educação profissional mediante a unificação de diferentes iniciativas de EPT, bem como a partir de ações de assistência técnica e financeira, que visavam ampliar o acesso da população à educação profissional e tecnológica. Inicialmente, destaca-se três dimensões principais do programa: a expansão física das redes públicas da EPT, a organização didático-política e pedagógica e a expansão de matrículas. A centralidade do programa para o governo pode ser evidenciada, entre outras coisas, pela menção que a presidenta faz em seu discurso de posse (primeiro mandato) sobre a necessidade de formação profissional de qualidade e expansão do ensino médio profissionalizante:

> No ensino médio, além do aumento do investimento público vamos estender a vitoriosa experiência do PROUNI para o ensino médio profissionalizante, acelerando a oferta de milhares de vagas para que nossos jovens recebam uma formação educacional e profissional de qualidade.[166]

É relevante sublinharmos o público-alvo estabelecido pelo programa, considerando que o Pronatec prevê que atenderá, prioritariamente:

---

[166] ROUSSEFF, 2015.

I) estudantes do ensino médio da rede pública, inclusive da educação de jovens e adultos; II) trabalhadores; III) beneficiários dos programas federais de transferência de renda; e IV) estudante que tenha cursado o ensino médio completo em escola da rede pública ou em instituições privadas na condição de bolsista integral, nos termos do regulamento (art. 2º da Lei nº 12.513/11).

Antes de adentrar a análise do programa propriamente dito, discorreremos brevemente sobre a tramitação do PL que instituiu o Pronatec, buscando evidenciar o ambiente político que permeou a criação do programa. O Projeto de Lei nº 1.209 iniciou sua tramitação na Câmara dos Deputados, em regime de urgência, em 29 de abril de 2011, sendo estabelecido que o projeto passaria pela análise das comissões de Trabalho, de Administração e Serviço Público; Educação e Cultura; Finanças e Tributação; Constituição, Justiça e Cidadania.[167] Na sua tramitação, o projeto recebeu 37 emendas, bem como foi acompanhado pela realização de audiências públicas em seis capitais, quais sejam, Salvador, Goiânia, Recife, Natal, Brasília e Belém.[168]

Como a presidenta havia solicitado pedido de urgência no PL do Pronatec, o projeto deveria ter sido votado em até 45 dias pela Câmara dos Deputados, observando o disposto no art. 64, §2º, da Constituição da República, com risco de sobrestamento das pautas legislativas na hipótese de inobservância do prazo referido.

Passados os 45 dias, a pauta acabou sendo trancada e, após alguns pequenos entraves entre o governo e deputados federais sobre a retirada do pedido de urgência, o PL nº 1.209 foi ao Plenário em 31 de agosto de 2011, sendo aprovado nessa mesma sessão, tendo como relator o deputado Jorginho Mello (PSDB-SC). Dos seis destaques apresentados pelas bancadas –uma do Partido da Social-Democracia Brasileira (PSDB), uma do Partido Democrático Trabalhista (PDT), duas do Democratas (DEM) e duas do Partido Popular Socialista (PPS) –, apenas três foram aprovadas.[169] Cassiolato e Garcia descrevem o conteúdo desses destaques:

> (...) *i)* o que concede atenção e apoio específico para deficientes nos cursos e qualificações ofertados; *ii)* o que inclui, entre o público a ser atendido prioritariamente, os trabalhadores da agricultura familiar, os silvicultores, aquicultores, extrativistas e pescadores; e *iii)* o que reserva

---

[167] CASSIOLATO; GARCIA, 2014.
[168] CASSIOLATO; GARCIA, 2014.
[169] CASSIOLATO; GARCIA, 2014.

às regiões Norte e Nordeste pelo menos 30% dos recursos financeiros a serem transferidos às instituições de EPT das redes públicas estaduais e municipais ou dos serviços nacionais de aprendizagem correspondentes aos valores das bolsas-formação.

A tramitação do PL nº 1.209 no Senado Federal foi mais célere, considerando que lá chegou em 8 de setembro de 2011 e em 18 de outubro já estava aprovado. O projeto, que recebeu 27 propostas de emendas no Senado, foi aprovado com um voto contrário e teve as 27 emendas rejeitadas. A senadora Marta Suplicy, do Partido dos Trabalhadores (PT-SP), foi designada como relatora do PL. Da data em que o governo enviou o PL nº 1.209 à Câmara dos Deputados até a sua publicação no *Diário Oficial*, transcorreu um período de 6 meses.[170]

De acordo com Cassiolato e Garcia, houve um ambiente favorável à aprovação do PL do Pronatec constituído por múltiplos fatores. Primeiro, havia diversas entidades e associações vinculadas à defesa da educação – União Nacional de Dirigentes Municipais de Educação (Udime), o Conselho Nacional de Secretários da Educação (Consed), entre outras – que atuaram junto ao Congresso Nacional para o convencimento dos parlamentares e dos líderes das bancadas, por meio do *advocacy* (defesa de interesses).[171] Membros do MEC e do Setec também atuaram na defesa de interesses e no esclarecimento e detalhamento das potencialidades do Pronatec junto aos congressistas. Diferentes setores industriais apontavam a inexistência de mão de obra qualificada para o desenvolvimento de suas atividades, problema que poderia ser resolvido, ou ao menos amenizado, com a ampliação dos cursos técnicos e tecnológicos, tornando menos intensa a importação de trabalhadores qualificados.[172] A força de trabalho brasileira qualificada não conseguia fazer frente ao crescimento econômico do país, considerando que de 2009 a 2012 houve um crescimento de 137% de vistos para profissionais estrangeiros com vínculo empregatício no Brasil.[173]

Esse crescimento econômico – vinculado à formalização do emprego e a redução do desemprego – também criou um ambiente propício para a consolidação do Pronatec. Para dimensionar esses aspectos, destaca-se que a taxa de desemprego, que em 2003 era de

---

[170] CASSIOLATO; GARCIA, 2014.
[171] CASSIOLATO; GARCIA, 2014.
[172] CASSIOLATO; GARCIA, 2014.
[173] SECOM, 2013 citada por CASSIOLATO, 2014.

12,4%, havia caído para 5,5% em 2012.[174] De modo similar, o percentual de empregados com carteira assinada (setor privado), que era de 39,7% em 2002, subiu para 49,2% em 2012.[175]

3.4.1 Pronatec e a unificação dos programas de EPT

O Pronatec reuniu iniciativas pré-existentes e criou novas ações, de modo a articulá-las para a ampliação da EPT. A seguir, sublinhamos as iniciativas reunidas pelo programa que já existiam anteriormente:

- Rede e-Tec Brasil;
- Acordo de gratuidade com os Serviços Nacionais de Aprendizagem;
- Brasil Profissionalizado;
- Fortalecimento e expansão da Rede Federal da EPT.

Afora os programas já existentes, uma das iniciativas criadas foi a Bolsa Formação, que consiste no apoio financeiro da Setec/MEC às instituições vinculadas (Rede Federal, Sistema S e escolas estaduais de EPT) para a oferta de vagas gratuitas em educação profissional técnica de nível médio e Formação Inicial Continuada (FIC) ou qualificação profissional.[176] O custeio abrange despesas com mensalidade, materiais didáticos, alimentação e transporte dos estudantes e trabalhadores. Como se vê, o programa não se limita a oferecer a vaga ao estudante, mas garante todos os meios necessários para o acesso e a permanência desse nos cursos de EPT.

O aproveitamento da infraestrutura de outras instituições com tradição em educação profissional, vinculado ao apoio financeiro da União, permitiu a expansão das matrículas em diversos municípios, considerando que, em 2014, mais de 4.300 municípios ofertavam EPT mediante o Bolsa Formação.[177]

O referido programa se divide em Bolsa Estudante e Bolsa Trabalho. O primeiro prevê a oferta de cursos técnicos, na modalidade concomitante e com carga horária mínima de 800 horas, aos estudantes matriculados no ensino médio público propedêutico.[178] O segundo, por sua vez, garante a oferta de cursos de qualificação, na modalidade de

---

[174] IBGE, 2012.
[175] IBGE, 2012.
[176] BRASIL, [2021].
[177] FERES, 2015.
[178] BRASIL, 2018.

FIC e com carga horária mínima de 160 horas, para pessoas em vulnerabilidade social, bem como aos trabalhadores de diferentes áreas.[179] Importante sublinhar que a Lei nº 12.816/2013 ampliou a oferta de EPT em outras modalidades, possibilitando ao Bolsa Formação oferecer cursos técnicos na forma integrada aos estudantes do EJA, bem como ofertar cursos técnicos subsequentes aos alunos que já concluíram o ensino médio.[180]

3.4.2 O desenho jurídico institucional do Pronatec

O Pronatec conferiu inovações ao arranjo institucional responsável pela implementação da educação profissional no país, considerando que articulou diversas instituições – em âmbito federal, estadual e distrital – para a oferta da EPT, criou mecanismos de participação e controle social, bem como buscou sistematizar as informações referentes às matrículas dessa modalidade educacional a partir do Sistec. Nesse sentido, já havia sido demonstrada, anteriormente, relevante capacidade técnico burocrática do MEC/Setec a partir da expansão da Rede Federal de EPT e da criação dos IFETs,[181] fato que consolidou, em alguma medida, uma base institucional sólida para o desenvolvimento do Pronatec.

O Sistema Nacional da EPT é coordenado pelo Setec/MEC, que atua de forma integrada com outras instituições vinculadas à oferta da EPT, como a Rede Federal de Educação Profissional e Tecnológica, o Sistema S, as redes estaduais de EPT e as instituições privadas de EPT que operam com o Fies.[182] Nas palavras de Cassiolato e Garcia, a coordenação é realizada "mediante diversos fóruns dentro da Rede Federal e interação estreita e frequente com os demais integrantes do sistema. A supervisão da rede privada é feita pelo instituto federal presente na região considerada".[183]

Na época em que o programa fora criado, havia também a participação intersetorial de diversos ministérios no âmbito federal, quais sejam, o Ministério de Desenvolvimento Social, Ministério do Turismo, Ministério do Desenvolvimento Agrário, Secretaria dos

---

[179] CASSIOLATO; GARCIA, 2014.
[180] FERES, 2015.
[181] CASSIOLATO; GARCIA, 2014.
[182] CASSIOLATO; GARCIA, 2014.
[183] CASSIOLATO; GARCIA, 2014.

Direitos Humanos, Ministério da Justiça, Ministério da Comunicação Social, Ministério da Cultura e Ministério da Previdência Social.[184] Uma inovação digna de nota foi a criação de instâncias participativas no Pronatec, com o objetivo de democratizar a coordenação do programa e estabelecer mecanismos de controle social. Para tanto, foi estabelecida a realização de audiências públicas, a interlocução com os fóruns nacionais e estaduais de formação profissional e a frequente comunicação da Setec com o Conselho Nacional das Instituições da Rede Federal de Educação Profissional (Conif) e o Conselho Nacional de Escolas Técnicas vinculadas às Universidades Federais (Condetuf).

O Pronatec consolidou uma unificação dos programas já existentes no âmbito da EPT acrescentando novas iniciativas na área, articulando a ação – intragovernamental e intergovernamental – entre as diferentes instituições ofertantes de educação profissional, em âmbito federal e estadual, o Sistema S e as instituições privadas que oferecem cursos de EPT. A figura a seguir, retirada de Cassiolato e Garcia, dá uma visão geral dessa descrição:

Figura 1 – Articulação de instituições e atores do Pronatec

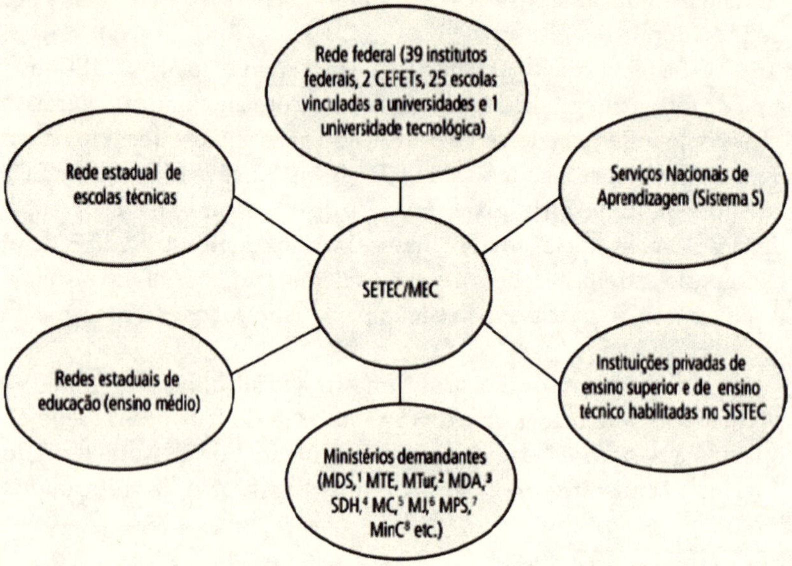

Fonte: Cassiolato; Garcia, (2014).

---

[184] CASSIOLATO; GARCIA, 2014.

Como se vê, o programa articula uma atuação paralela de centralização e descentralização, pois as ações não são concentradas no Setec/MEC, mas se distribuem entre os sistemas estaduais, o Sistema S, a Rede Federal e os diversos ministérios em âmbito federal, considerando a necessidade de diferentes ações, tais como: credenciamento, sistematização das demandas do mercado, identificação das demandas para qualificações da força de trabalho, comunicação com setor empresarial e sindicatos, identificação das demandas produtivas regionais, articulação da assistência técnica e financeira, gerenciamento de matrículas, entre outras.[185]

Sobre as especificidades para a implementação do programa e a necessidade de atuação de diversos atores e instituições, Cassiolato e Garcia apontam que:

> A complexidade do problema e a ambição do programa exigem que todas as formas de execução sejam adotadas em sua implementação: direta pela SETEC/MEC; desconcentrada pelos institutos federais, inclusive realizando o credenciamento de escolas privadas de EPT para operar o Fies; descentralizada pelos governos estaduais; mediante parceria com o Sistema S. Aqui, a capacidade de articulação será requerida em diversas frentes: intragovernamental, ao articular e organizar a demanda dos diversos ministérios por ações de qualificação e EPT, em sintonia com as necessidades do mercado e as capacidades instaladas no sistema nacional de EPT; intergovernamental (competências dos entes federativos), mediante modalidades ágeis de assistência técnica e financeira – Brasil Profissionalizado e Plano de Ações Articuladas (PAR) e de aporte de recursos da Bolsa-Formação, sem a necessidade de convênios; com o setor empresarial, para identificar necessidades de força de trabalho com as qualificações específicas requeridas em cada lugar e setor; com sindicatos de trabalhadores; com o Sistema S (...); com os atores sociais relevantes das comunidades das áreas que sediam campi e das localidades que recebem grandes investimentos públicos ou privados.

Outro ponto importante relativo à coordenação do programa refere-se à criação do Conselho Deliberativo de Formação e Qualificação Profissional,[186] que, segundo a Lei nº 12.513, possui como atribuição: "(...) promover a articulação e avaliação dos programas voltados à formação

---

[185] CASSIOLATO; GARCIA, 2014.
[186] CASSIOLATO; GARCIA, 2014.

e qualificação profissional no âmbito da administração pública federal" (art. 17). O referido conselho foi regulamentado pelo Decreto nº 7.855/12, que estabelece que a sua composição contará com um representante titular e um representante suplente dos seguintes órgãos: I – Ministério da Educação; II – Ministério da Fazenda; III – Ministério do Trabalho em Emprego; IV – Ministério do Planejamento, Orçamento e Gestão; V – Ministério do Desenvolvimento Social; VI – Ministério da Ciência, Tecnologia e Inovação (art. 3º).

Uma característica relevante na interlocução entre as instituições envolvidas na implementação da EPT – sublinhada por Cassiolato e Garcia – refere-se à comunicação da Setec com os diversos conselhos vinculados ao ensino profissional, tais como o Conselho Nacional das Instituições da Rede Federal de Educação Profissional (Conif), o Conselho Nacional de Dirigentes de Escolas Técnicas vinculadas às Universidades Federais (Condetuf), os conselhos nacionais e regionais das entidades que integram o Sistema S e demais conselhos vinculados à Rede Federal.[187] Essa dinâmica se insere como um dos mecanismos de participação social – ao lado das diversas audiências públicas que foram realizadas – que tornam possível, pelo menos em tese, a construção dos programas a partir de um constante diálogo com a sociedade civil.

3.4.3 Pronatec e capacidades estatais

Após a descrição do Pronatec e de seu desenho jurídico institucional, podemos avançar na análise e avaliarmos as capacidades estatais – enquanto habilidade do Estado de estabelecer objetivos e realiza-los – referentes a esse programa.[188] O conceito indicado pode ser compreendido, em outras palavras, como a capacidade do Estado em identificar problemas, elaborar soluções, executar as ações planejadas e entregar resultados à sociedade por meio da implementação de políticas públicas.[189] Segundo Pires e Gomide, essa capacidade pode ser avaliada a partir de duas dimensões: I – capacidade técnico administrativa; II – capacidade político-relacional. Cada dimensão ainda possui subdivisões específicas, conforme apontaremos adiante.

A capacidade técnico administrativa, de acordo com Pires e Gomide, divide-se em três aspectos: a) presença de burocracias

---

[187] CASSIOLATO; GARCIA, 2014.
[188] PIRES; GOMIDE, 2016.
[189] PIRES; GOMIDE, 2016.

governamentais especializadas; b) funcionamento de mecanismos de coordenação intragovernamental; c) existência de procedimentos de monitoramento da implementação.[190]

A capacidade político-relacional também pode ser separada em três elementos: a) interações institucionalizadas entre atores burocráticos e agentes políticos (parlamentares de diversos partidos); b) a existência e o funcionamento de mecanismos de participação social; c) a presença da fiscalização de agências de controle.[191] Sobre a diferença entre arranjos institucionais técnicos e políticos, podemos afirmar que, enquanto aqueles se concentram na dimensão de eficácia das políticas públicas, estes estabelecem a participação de atores interessados.[192]

A inserção desses critérios permite um aprofundamento na análise institucional, pois tais capacidades – técnico administrativa e político relacional – são geradas direta e indiretamente pelo desenho jurídico institucional do programa. No quadro a seguir, avaliaremos o Pronatec a partir dos critérios indicados.

Quadro 1 – Capacidade técnico-administrativa

a) Presença de burocracias governamentais especializadas	Existência de dirigentes da Rede Federal, com considerável experiência na área da EPT, em cargos do Setec
b) Funcionamento de mecanismos de coordenação intragovernamental	Conselho Deliberativo de Formação e Qualificação Profissional, composto por representantes de diferentes ministérios do governo (Ministério da Educação, Ministério da Fazenda, Ministério do Trabalho em Emprego etc.)
c) Existência de procedimentos de monitoramento de implementação	Fórum Nacional de EPT e Fórum Estadual de EPT Gerenciamento de matrículas pelo Sistec

Fonte: Elaboração do autor.

---

[190] PIRES; GOMIDE, 2016.
[191] PIRES; GOMIDE, 2016.
[192] BUCCI; COUTINHO, 2017.

Quadro 2 – Capacidade político-relacional

a) Interações institucionalizadas entre atores burocráticos e agentes políticos	Plano de Ações Articuladas (PAR)
b) Existência e funcionamento de mecanismos de participação social	Diálogo da Setec com a Conif, Condetuf e demais conselhos vinculados à EPT e realização de audiências públicas
c) Presença da fiscalização de agências de controle	Atuação da Controladoria Geral da União (CGU)* para a fiscalização dos orçamentos estabelecidos para a execução das iniciativas do Pronatec

*A CGU é responsável por executar ações de controle, com o objetivo de avaliar a aplicação de recursos destinados ao cumprimento das metas estabelecidas pela política pública.

Como podemos visualizar nos quadros, o Pronatec parece ter cumprido, pelo menos em parte, os requisitos necessários para um desenvolvimento satisfatório referente à capacidade técnico administrativa – vinculada à eficácia da política pública – e à capacidade político relacinal – vinculada à participação dos atores interessados.

Assim, o seu desenho jurídico institucional possibilitou, ainda que não tenha esgotado, o fortalecimento de mecanismos de participação social, a fiscalização dos resultados, a presença de burocracias especializadas, o monitoramento de implementação e os mecanismos de articulação dentro do governo

3.4.4 O Pronatec e a oferta de educação profissional: entre o público e o privado

Da análise de dados sobre as matrículas efetuadas no âmbito do Pronatec o os tipos de cursos oferecidos, alguns apontamentos podem ser realizados. Primeiramente, podemos afirmar que houve uma predominância na oferta da Formação Inicial e Continuada (FIC), comparada com os cursos técnicos. Dessa forma, entre 2011 e 2013, foram oferecidas 2.854.208 vagas pelo Pronatec, sendo 766.580 no âmbito de cursos técnicos e 2.087.628 em cursos de FIC, ou seja, houve quase o triplo de matrículas nos cursos de FIC. Em 2014, 29% das matrículas foram para cursos técnicos e 71% para FIC.[193] Até 2018, o número de matrículas na modalidade FIC foi de 76%.

---
[193] CGEE, 2015.

Cabe esclarecer que os cursos técnicos compreendem o Bolsa Formação, Brasil Profissionalizado, e-Tec, Sistema S e Rede Federal, enquanto o FIC abrange o Bolsa Formação e o Acordo Sistema S.[194] Em relação ao número de horas em cada modalidade, os cursos de Formação Inicial e Continuada abrangem uma carga horário mínima de 160 horas, enquanto os cursos técnicos compreendem uma carga mínima de 800 horas.

A escolha por um maior investimento nos cursos de FIC pode apontar alguns caminhos de reflexão, embora estes não sejam, ainda, conclusivos. Assim, observa-se que o financiamento dos cursos do FIC tem um valor mais reduzido se comparado ao dos cursos técnicos, permitindo uma expansão de matrículas com um menor custo. Entretanto, podemos nos perguntar sobre a diferença da qualificação profissional que emerge desses dois cursos, pois ainda que o FIC permita uma profissionalização mais barata, aparentemente a diferença entre cursos de 800 horas e 160 horas pode resultar em uma qualificação mais superficial dos trabalhadores e estudantes. Não devemos ignorar que os cursos técnicos também obtiveram uma expansão durante 2011 e 2014; entretanto, é necessário afirmar que essa expansão foi menor se comparada aos cursos de FIC.

O Bolsa Formação, já detalhado no item 3.4.1, foi responsável pela maior parte das vagas ofertadas pelo Pronatec, mais especificamente, 60% nos cursos FIC e 40% dos cursos técnicos. Tais informações são relevantes em vista de que este subprograma permite a transferência de recursos públicos para a iniciativa privada.[195] Se considerarmos a meta 11 do PNE – triplicar as matrículas de educação profissional técnica integradas ao ensino médio –, podemos observar que essas ações são legitimadas pela estratégia 11.7 da referida meta, que prevê a expansão da oferta de financiamento estudantil para a educação profissional técnica de nível médio oferecida em instituições privadas de educação superior. Essas instituições, todavia, precisam estar previamente habilitadas pelo MEC.

Duas estratégias abrangidas pelo Pronatec para esse tipo de financiamento são o Fies Técnico e Fies Empresa. O primeiro refere-se ao financiamento de cursos técnicos, qualificação profissional ou FIC para estudantes e trabalhadores, individualmente, em serviços nacionais

---

[194] CGEE, 2015.
[195] CGEE, 2015.

de aprendizagem e instituições privadas de ensino.[196] O segundo "é o financiamento concedido a empresas para custeio da formação inicial e continuada ou qualificação profissional dos seus trabalhadores".[197] De forma sintética, o Estado garante um empréstimo para o financiamento da EPT com uma taxa de juros muito menor do que a praticada corriqueiramente, de tal modo que, enquanto a taxa Selic básica era de 11,5%, os juros cobrados pelo Estado eram de 3,5%.[198]

A escolha de uma qualificação profissional em tempo reduzido – através da FIC – pode ter relação com o a posição do Brasil como um país de economia periférica e dependente. Assim, considerando que parte da produção brasileira está em mercadorias de baixo valor agregado,[199] a ampliação de um "trabalho barato", com uma mão de obra semiqualificada, guardaria sintonia com a posição do Brasil na divisão internacional do trabalho. O fato de que o Brasil, atualmente, possui a maior parte da sua população empregado no setor de serviços, também é relevante para essa discussão, tema que será tratado mais detidamente no Capítulo 5 do presente livro.

3.5 Sistema S e os serviços de aprendizagem

A primeira organização de educação profissional, que posteriormente viria a compor o Sistema S, foi o Senai, criado pelo então presidente Getúlio Vargas, em 22 de julho de 1942, pelo Decreto-Lei nº 4.048, em virtude da demanda de alguns líderes patronais da indústria. Além de definir o conceito de aprendiz na legislação trabalhista e tornar obrigatória a contratação de aprendizes pela indústria, Vargas também criou, em 10 de janeiro de 1946, o Serviço Nacional de Aprendizagem Comercial (Senac), por meio do Decreto-Lei nº 8.621.[200]

A partir da década de 1970, foram criadas outras instituições de educação profissional responsáveis por oferecer qualificação e serviços de aprendizagem aos respectivos setores econômicos aos quais estão vinculadas. Entre essas podemos citar o Senar (Serviço Nacional de Aprendizagem Rural), o Serviço Nacional de Aprendizagem

---

[196] CGEE, 2015.
[197] CGEE, 2015.
[198] CGEE, 2015.
[199] CGEE, 2015, p. 116.
[200] CORDÃO, 2017.

em Transportes (Senat) e o Serviço Nacional de Aprendizagem do Cooperativismo (Sescoop).[201]

O Senai e o Senac podem ser consideradas iniciativas públicas de controle privado, pois, embora tenham sido criados por Vargas, as suas direções ficaram sob a responsabilidade de um ente privado, a Confederação Nacional das Indústrias. A criação do Senai foi uma espécie de imposição do Estado, considerando a instituição, por Vargas, de uma contribuição compulsória para o financiamento da formação de operários à indústria. Assim, embora sejam consideradas instituições de Direito Privado, estão obrigadas a cumprir diversos requisitos e exigências em virtude da sua principal fonte orçamentária serem fruto de contribuições compulsórias arrecadadas junto aos recolhimentos previdenciários.

Contemporaneamente, o Senai e o Senac oferecem cursos em todos os segmentos da educação profissional, atuando "desde a formação inicial de trabalhadores, passando pela educação técnica de nível médio, por cursos de graduação em todas as modalidades de ensino e por cursos e programas de educação continuada, incluindo a pós-graduação".[202]

Essas instituições possuem um grau hierárquico de normatividade elevado, considerando que foram acolhidas, pela Constituição Federal, em seu artigo 240, que reconhece as "contribuições compulsórias dos empregadores sobre a folha de salários, destinadas às entidades privadas de serviço social e de formação profissional vinculadas ao sistema sindical".

Essa contribuição compulsória consiste em 1% sobre o total da remuneração paga pelas empresas aos seus empregados, considerando o setor em que a empresa está inserida. A título de exemplo, no caso do Senai, essa porcentagem incidirá sobre a remuneração paga pelas empresas do *setor industrial* aos empregados.[203] Assim, para além da receita que as entidades do Sistema S recolhem diretamente das empresas, há também uma arrecadação compulsória na guia da previdência social, denominada contribuição social para outras entidades.

---

[201] CORDÃO, 2017.
[202] CORDÃO, 2017, p. 111.
[203] GRABOWSKI, 2010.

3.5.1 O acordo de gratuidade do sistemas

O acordo realizado entre o MEC e o Sistema S em 2008 estipulou a ampliação da oferta de cursos gratuitos de formação profissional destinado preferencialmente aos trabalhadores e estudantes de baixa renda. O acordo compreende a destinação de dois terços dos recursos do Sistema S para financiamento de "vagas gratuitas em cursos de formação inicial e continuada e de educação profissional e técnica de nível médio" ofertadas pelo Senai (Serviço Nacional de Aprendizagem Industrial) e pelo Senac (Serviço Nacional de Aprendizagem Comercial). O acordo ainda estabelece que um terço dos recursos destinados, pelo Sesc e pelo Sesi, em serviços sociais, deve ser aplicado em atividades de educação.[204]

3.6 O Plano Nacional de Educação 2014-2024: metas de médio prazo para a EPT

O Plano Nacional de Educação, válido para os anos de 2014 a 2024, foi instituído pela Lei nº 13.005/14, após tramitar quase três anos no Congresso Nacional. A ideia de construir um plano de educação que visasse enfrentar de maneira sistemática e contínua os problemas da educação brasileira remonta ao Manifesto dos Pioneiros de 1932, que nessa época já afirmava que: "(...) todos os nossos esforços sem unidade de plano e sem espírito de continuidade, não lograram ainda criar um sistema de organização escolar à altura das necessidades modernas e da necessidade do país."[205] Talvez esse projeto defendido pelos integrantes da Escola Nova, na década de 1930, ajude a explicar o fato de que a Constituição de 1934 previa a necessidade de construção de um Plano Nacional de Educação. Entretanto, sabemos que o anseio de concretização desse PNE foi interrompido precocemente, pelo advento do Estado Novo e, consequentemente, da Constituição outorgada em 1937.

A Lei de Diretrizes e Bases da Educação prevê, em seu artigo 8º, no título referente à organização da educação nacional, a responsabilidade da União em "elaborar o Plano Nacional de Educação, em colaboração com os Estados, o Distrito Federal e os Municípios". Do mesmo modo, a Constituição de 1988 estabelece, em seu artigo 214, a

---

[204] PEREIRA; AMORIM, 2015.
[205] BOMENY citada por SAVIANI, 2007.

elaboração do PNE com duração de 10 anos. Interessante observar que a própria Constituição estabelece, no mesmo art. 214, algumas diretrizes para o Plano Nacional de Educação: I) erradicação do analfabetismo; II) universalização do atendimento escolar; III) melhoria da qualidade de ensino; IV) formação para o trabalho; V) formação humanística, científica e tecnológica do país.

O PNE, em síntese, é a tentativa da construção de um projeto de educação para o país, de médio prazo, que transcenda os interesses partidários renovados a cada eleição. Em outras palavras, a tentativa de estabelecer uma política de Estado para a educação, em detrimento de uma política apenas de governo, que acaba por desconsiderar os avanços realizados pelas gestões anteriores no cego anseio do novo governante de criar uma marca própria para a educação no país. Dessa forma, a elaboração de um Plano Nacional de Educação com duração de 10 anos constitui-se como uma necessidade de prosseguir caminhando em direção aos mesmos objetivos, independentemente de alternâncias governamentais.

Em uma primeira análise, nota-se que as diretrizes do PNE descritas nos incisos V e VII do art. 2º – formação para o trabalho e para a cidadania e promoção humanística, científica, cultural e tecnológica do país – se harmonizam com as potencialidades e objetivos da educação profissional.[206]

3.6.1 Meta 10: educação profissional integrada à educação de jovens e adultos

A educação profissional e tecnológica foi tratada diretamente em duas metas pelo atual PNE, a saber, metas 10 e 11. Importante observar que a definição de diversas estratégias ao lado de cada meta permite que o Estado não aponte tão somente o local a que quer chegar, mas também defina o caminho a ser trilhado para chegar nesse local. Essa ideia remonta à própria lógica das normas de políticas públicas, compostas pela estrutura "fim-meio". Adentrando o PNE, ressalta-se que a meta 10 prevê: "Oferecer, no mínimo, 25% das matrículas da Educação de Jovens e Adultos, no ensino fundamental e médio, integrados à educação profissional."

---

[206] O primeiro Plano Nacional de Educação foi criado em 2001 pela Lei nº 10.172, durante o governo FHC. Esse PNE teve vigência entre 2001 e 2010.

Dentre as estratégias presentes na meta 10, algumas podem ser destacadas para a atual discussão. Nesse sentido, visando a atingir o objetivo descrito, previram-se:

(i) expandir as matrículas do EJA, a fim de elevar o nível de escolaridade de trabalhadores e trabalhadoras;

(ii) fomentar a integração do EJA com a educação profissional considerando as especificidades das populações itinerantes e do campo e das comunidades indígenas e quilombolas, inclusive na modalidade de educação a distância;

(iii) investir em equipamentos voltados à expansão e à melhoria física das redes públicas que atuam no EJA integrados à educação profissional e tecnológica;

(iv) implementar mecanismos de reconhecimento dos saberes dos jovens e adultos trabalhadores.

Para dimensionar o desafio que essa meta estabelece, destacamos que, em 2020, a porcentagem de matrículas de EJA integradas ao ensino profissional foi de 0,5% para o ensino fundamental e 3,6% para o ensino médio. Dentre as redes de ensino no setor público que devem oferecer essas matrículas – rede federal, estadual e municipal –, apenas a primeira alcança uma porcentagem que satisfaz a meta, tendo atingido a porcentagem de 36,6%, em 2014, de matrículas de EJA de ensino fundamental integrados ao ensino profissional. Todavia, as redes municipais e estaduais ficam longe da taxa, correspondendo a 0,3% e 0,7% respectivamente. Os dados referentes ao EJA de ensino médio integrado ao ensino profissional são mais animadores, embora ainda permaneçam longe da meta de 2024 se comparado com o total de matrículas oferecidas juntando as três redes de ensino. Em 2015, a rede federal ofereceu 85,6% de matrículas de EJA de ensino médio integrados à educação profissional, enquanto as redes municipais e estaduais ofereceram 3,1% e 1,9% respectivamente.[207]

Analisando o percentual de matrículas de EJA integradas à educação profissional de 2014 até 2020, temos os seguintes números:

---

[207] OBSERVATÓRIO DO PNE, [2020].

Tabela 2 – Percentual de matrículas de EJA (Educação de jovens e adultos) integradas à educação profissional

Ano de referência	Matrículas de EJA integradas à educação profissional	EJA Ensino fundamental integrada à EPT	EJA Ensino médio integrada à EPT
2014	2,8%	2,5%	3,3%
2015	3,0%	3,1%	3,0%
2016	2,8%	2,9%	2,5%
2017	1,5%	0,5%	3,0%
2018	1,3%	0,3%	2,9%
2019	1,6%	0,6%	3,1%
2020	1,8%	0,5%	3,6%
Meta para 2024	25%		

Fonte: Elaboração do autor a partir dos dados do Observatório do PNE, ([2020]).

Como podemos observar, a meta 10 não só está distante de ser alcançada como o número de matrículas do EJA integradas à educação profissional vem caindo nos últimos anos. Embora tenha ocorrido um aumento de 2018 a 2020, o percentual ainda está abaixo ao número atingido em 2016. Isso pode ser explicado pelo fato de que, embora as matrículas em educação profissional tenham crescido, as matrículas no âmbito do EJA apresentam quedas.

Em uma primeira análise dos dados anteriores, afirma-se que vem ocorrendo um esvaziamento das políticas de EJA integrado ao ensino profissional por parte dos municípios e estados da federação. Assim, uma coalizão da União com os estados e municípios, por meio de incentivos políticos e alocação de recursos poderia estimular a expansão dessa modalidade de ensino nos níveis estaduais e municipais. Podemos questionar se esse baixo investimento se deu em virtude da escassez de recursos financeiros. Isto porque, em 2007 fora criado o Fundo de Manutenção e Desenvolvimento da Educação Básica e Valorização dos Profissionais da Educação (Fundeb),[208] que tornava possível aos estados e municípios a alocação de até 15% dos recursos recebidos pelo

---

[208] Em 2020 foi aprovada a Emenda Constitucional nº 108, que tornou o Fundeb uma política permanente e aumentou em 13 pontos percentuais a participação da União nos recursos destinados ao referido fundo. Assim, com o Novo Fundeb, a participação da União irá aumentar, gradualmente, de 10% para 23%. Além disso, ao ser constitucionalizado, o Fundeb torna-se, ao menos em tese, uma política de Estado.

fundo ao EJA. Todavia, após mais de 10 anos da criação desse fundo, não observamos um aumento no número de matrículas do EJA, o que parece demonstrar que o problema está mais ligado a outros fatores políticos relacionados com essa modalidade educacional do que com a escassez financeira.

Em outro sentido, podemos visualizar articulações e relações do conteúdo do PNE e da LDB. Dessa forma, entre as estratégias existentes para alcançar a meta 10, é relevante destacar a estratégia 10.6:

> 10.6) estimular a diversificação curricular da educação de jovens e adultos, articulando a formação básica e a preparação para o mundo do trabalho e estabelecendo inter-relações entre teoria e prática, nos eixos da ciência, do trabalho, da tecnologia e da cultura e cidadania, de forma a organizar o tempo e o espaço pedagógicos adequados às características desses alunos e alunas.

Essa preocupação em preparar um currículo diferente, que estabeleça relações entre educação e mundo do trabalho, bem como entre teoria e prática, pode ser encontrada no início da LDB, mais especificamente, no §2º do art. 1: "A educação escolar deverá vincular-se ao mundo do trabalho e à prática social." Outra conexão pode ser estabelecida em relação ao art. 39 da LDB, que define que a educação profissional deverá integrar-se às dimensões do trabalho, da ciência e da tecnologia. Dessa forma, é possível observar, ainda que de forma limitada, o caráter sistemático das leis que regulamentam a educação no Brasil, tendo em vista que essas não são produzidas de forma fragmentada e dispersa, mas guardam, por vezes, coerência e articulações entre si.

Outra estratégia relevante para a discussão é a 10.11, que estabelece a necessidade de "implementar mecanismos de reconhecimento de saberes dos jovens e adultos trabalhadores, a serem considerados na articulação curricular dos cursos de formação inicial e continuada e dos cursos técnicos de nível médio". A concretização desse mecanismo é um importante instrumento, pois reconhece a validade dos saberes apreendidos pelos indivíduos em trabalhos anteriores, mesmo que esses conteúdos não tenham sido transmitidos pela educação escolar. Esse instrumento ainda auxilia no respeito à realidade social desses trabalhadores e trabalhadoras, ao não serem considerados como folhas em branco que serão preenchidas de forma neutra pelos conhecimentos propedêuticos. Essa diretriz remonta, em alguma medida, à pedagogia de Paulo Freire, que considerava os conhecimentos prévios dos estudantes e a realidade concreta que estavam inseridos para a construção dialógica do conhecimento.[209]

Assim, é possível que esses saberes práticos, frutos da experiência profissional, sejam aproveitados e articulados com os conhecimentos específicos que constam no currículo do EJA integrado ao ensino profissional. Mais uma vez, visualiza-se uma articulação com a LDB, tendo em vista que essa estabelece, em seu art. 41, que os conhecimentos adquiridos na EPT, inclusive no trabalho, poderão ser reconhecidos e certificados para o prosseguimento ou conclusão dos estudos. O programa Rede Certific, criado em 2009 pelo governo federal – e que busca certificar e formalizar o reconhecimento de saberes, competências profissionais e conhecimentos desenvolvidos em processos formais, bem como em processos não formais de aprendizagem – também está em sintonia com essa estratégia.

3.6.2 Meta 11: educação profissional integrada ao ensino médio

A outra meta, de número 11, refere-se à educação técnica integrada ao nível médio e poderia ser dividida em dois objetivos principais, a saber: a) triplicar as matrículas de EPT integradas ao ensino médio; b) garantir que ao menos 50% dessas matrículas ocorram na rede pública. A seguir transcrevemo-la:

> Triplicar as matrículas de educação profissional técnica integradas ao ensino médio, assegurando a qualidade da oferta e pelo menos 50% de expansão no segmento público.

Após observar as metas que o Estado pretende alcançar nos próximos 10 anos, podem-se fazer algumas considerações sobre onde serão gastos, em tese, recursos e tempo da República Federativa do Brasil na área da educação profissional. Assim, dos três ramos da EPT definidos pela LDB, quais sejam, FIC ou qualificação profissional, educação profissional técnica de nível médio e educação profissional tecnológica de graduação e pós-graduação, extrai-se que no âmbito do atual PNE a maior atenção é dada à segunda, educação profissional técnica de nível médio.

---

[209] FREIRE, 2005.

Embora não haja uma única razão que explique tal escolha, alguns dados podem ajudar a entender a atuação focada nessa área. Segundo os dados da OCDE disponíveis no documento *Education at a Glance*, o Brasil é um dos países com a menor taxa de concluintes do ensino médio que cursaram educação profissional (apenas 8% o fizeram). Esse número se mostra ainda mais reduzido diante da comparação com a média dos países da OCDE, que é de 40% de concluintes do ensino médio que cursaram educação profissional.[210] Isso significa que se o Brasil conseguir cumprir a meta 11 e triplicar essas matrículas até 2024, atingiria a porcentagem de 24% de estudantes do ensino médio que cursaram a EPT, taxa muito abaixo da média da OCDE.

A tabela a seguir mostra o número de matrículas na educação profissional técnica de nível médio de 2013 a 2020, seguida da meta estabelecida pelo PNE para 2024.

Tabela 3 – Número de matrículas de educação profissional técnica de nível médio.

Ano de referência	Número de matrículas	Expansão comparada à 2013
2014	1.886.167	0,9%
2015	1.825.457	5,6%
2016	1.775.324	10,1%
2017	1.791.806	11,6%
2018	1.868.917	15,3%
2019	1.874.974	14,5%
2020	1.901.477	19,6%
Meta para 2024	4.324.293	50%

Fonte: Elaboração do autor a partir dos dados do Observatório do PNE, ([2020]).

3.7 Desregulamentação e precarização das relações de trabalho no governo Temer

Uma análise mais precisa da educação profissional demanda a abordagem de fatores que, ainda que pareçam paralelos, são determinantes para a compreensão da EPT em uma perspectiva mais ampla. Desse

---

[210] OECD, 2018.

modo, falar em educação profissional é falar, também, nas transformações ocorridas no mundo do trabalho no Brasil na última década, pois se um dos objetivos da EPT é a qualificação profissional, é importante observarmos o mundo do trabalho em que os indivíduos eventualmente atuarão após terem contato com a EPT, considerando as reformas que envolvem a regulamentação – ou desregulamentação – do trabalho.

De modo similar, para que não façamos uma análise apolítica das políticas públicas – conforme crítica feita no tópico 1.4 deste livro –, é importante considerarmos as determinações advindas do plano macroinstitucional, ou seja, os embates políticos que fundamentam a construção dessas políticas (*policy*), bem como as alterações feitas na estrutura do Estado nos últimos anos que ampliam ou restringem a sua capacidade de implementação de direitos sociais. Os últimos dois tópicos deste capítulo abordarão, ainda que brevemente, esses fatores.

Nos últimos seis anos ocorreram diversas alterações no âmbito do Estado, das políticas públicas e da economia que explicitam a desconstrução de um projeto de educação para o Estado brasileiro. Políticas de austeridade, vinculadas a uma lógica neoliberal, parecem ditar novos rumos para a educação no Brasil.

O governo Temer, iniciado em 2016, concretizou políticas que diminuíram a capacidade de investimento do Estado. Uma dessas políticas foi a emenda constitucional do teto de gastos. A Emenda Constitucional nº 95, aprovada em 2016, estabeleceu um congelamento dos investimentos públicos durante 20 anos, atualizando tais "gastos" de acordo com a inflação de cada ano. Dessa forma, ainda que o PIB do Brasil tenha um aumento relevante de um ano para o outro, os recursos para tais áreas ficarão estagnados,[211] e o aumento do PIB não refletirá no investimento em educação.

O esvaziamento da capacidade de investimento do Estado, a partir da EC nº 95, coloca a potencialidade de crescimento da economia e de criação de empregos tão somente na mão do setor privado. Isso porque há apenas duas formas de investimento: público e privado. Se o investimento público se encontra paralisado, ou ao menos limitado, nos próximos 20 anos, o setor privado detém quase que o monopólio de possibilidade de crescimento da economia e da geração de empregos. Esse fator cria, em alguma medida, um forte poder de barganha

---

[211] BUCCI, 2016a.

do setor privado para a aprovação de determinadas reformas, como a Reforma Trabalhista.

Houve uma forte tendência de fragilização dos direitos trabalhistas no Brasil, ao observarmos a aprovação da terceirização – Lei nº 13.429/17 –, que permite às empresas terceirizar atividades fins, e a aprovação da Reforma Trabalhista (Lei nº 13.467/2017).

Os dados que destacam que a maioria dos acidentes de trabalho ocorrem em ambientes de empregos terceirizados,[212] bem como os menores salários recebidos pelos empregados nessa forma laboral parecem eloquentes sobre a fragilização do trabalho nessa modalidade. A restrição do direito à greve por decisão do Supremo Tribunal Federal (Recurso Extraordinário nº 693.456), a aprovação da Reforma Trabalhista pela Lei nº 13.467/17, entre outras medidas tomadas nos últimos seis anos, também vão ao encontro de uma paulatina precarização das relações de trabalho no Brasil.

A flexibilização das leis trabalhistas e o surgimento de novas modalidades de trabalho – fundamentadas em diferentes tipos de contratos – demonstram uma diminuição da proteção do direito em relação aos trabalhadores. O Brasil registra altas taxas de desemprego desde 2015. Mesmo antes da pandemia da covid-19, em 2017, o país chegou ao patamar de 13,9% de desempregados. O gráfico a seguir ilustra a taxa de desemprego de 2012 a 2021.

Gráfico 4 – Taxa de desocupação (janeiro-fevereiro-março 2012 – outubro-novembro-dezembro 2021)

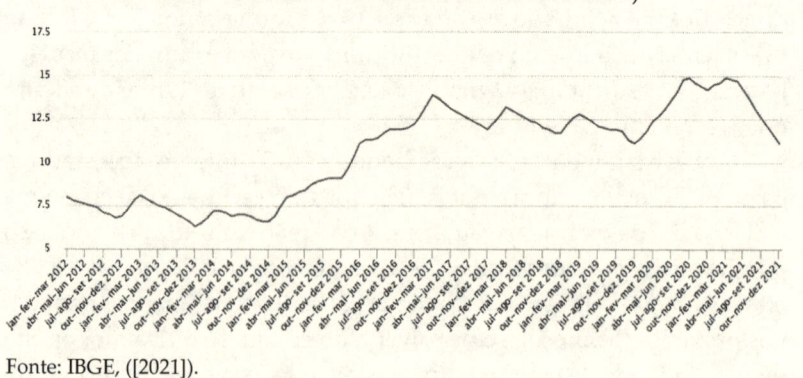

Fonte: IBGE, ([2021]).

---

[212] ANTUNES, 2018.

As altas taxas de desemprego, somadas ao aumento do trabalho informal, acabam sendo lucrativas para os grandes empresários. Isso porque, em virtude do aumento de desemprego (exército de reserva), os trabalhadores ficam mais suscetíveis a se submeterem a trabalhos precários. A extensa fila de desempregados esperando por uma ocupação diminui o poder de barganha e negociação dos trabalhadores. Em termos básicos, quanto menor a oferta de empregos, maior a demanda de trabalhadores.

Do mesmo modo, a flexibilização de direitos trabalhistas é lucrativa para os donos de grandes empresas, pois flexibilizar esses direitos significa, por consequência, baratear a força de trabalho e expandir as taxas de lucros. Essa constatação reflete a contradição entre capital e trabalho, explicitando que o ganho de um dos lados significa a perda do outro polo da disputa. Se os trabalhadores estão bem organizados e conseguem, mediante mobilização e reivindicações, um aumento nos salários, isso significará diminuição na taxa de lucro dos empregadores em virtude do aumento do gasto com o pagamento dos salários. De outro lado, o desmonte dos direitos trabalhistas e a possibilidade de diminuir os gastos com o pagamento dos salários representa uma expansão das taxas de lucro.

Inúmeras alterações jurídicas também ampliaram a flexibilização desses direitos. É o que pode ser visto na possibilidade de o *negociado prevalecer sobre o legislado*. A declaração do fim da contribuição sindical obrigatória também aparece como uma medida que visa ao enfraquecimento da organização sindical e dos próprios trabalhadores.[213] A criação de novas modalidades de trabalho pela Reforma Trabalhista, como o trabalho intermitente, acaba legitimando a existência de trabalhos precários para fazer frente ao desemprego. Assim, vale tudo para enfrentar o desemprego e expandir os lucros, inclusive legitimar e intensificar relações de trabalho precárias.

É possível afirmar que houve uma continuidade entre o Governo Temer e Bolsonaro no que diz respeito às políticas de precarização do trabalho. Uma afirmação de Bolsonaro sintetiza a lógica de precarização das relações laborais com a justificativa de criação de empregos: "O trabalhador terá que escolher entre mais direito e menos emprego, ou menos direito e mais emprego."[214] Todavia, a reforma não criou o

---

[213] ANTUNES, 2018.
[214] TOLOTTI, 2018.

aumento de empregos que havia prometido, mas aumentou o número de postos informais, ampliou a pejotização de trabalhadores e legitimou a precarização de certas ocupações de trabalho.

O Governo Temer chegou a anunciar que a reforma criaria 2 milhões de empregos apenas nos dois primeiros anos, e que chegaria ao patamar de 6 milhões de novos postos de trabalho. Entretanto, destaca-se que, entre novembro de 2017 e setembro de 2020, foram criados 286,5 mil postos de trabalho,[215] muito abaixo dos 6 milhões que foram prometidos pelo governo ao negociar a aprovação da reforma. Desses empregos criados, mais de 64% são vagas para trabalho intermitente,[216] considerado uma modalidade mais precária, pois o trabalhador não recebe pelo tempo que está disponível à empresa, mas apenas pela hora efetivamente trabalhada.

As afirmações precedentes são importantes na medida em que a política pública de educação profissional e tecnológica, embora carregue potencialidades, não é capaz, por si só, de gerar mais empregos para o país, de modo que a EPT é apenas parte da solução, inserida em uma totalidade mais abrangente. Dito de outro modo, ainda que a expansão da educação profissional seja essencial para o aprimoramento dos postos de trabalho e das técnicas e tecnologias laborais, a ampliação de matrículas em EPT, por si só, não é capaz de gerar novos empregos.

Assim, a EPT será ineficaz se não houver postos de trabalho suficientes que possam empregar essa mão de obra qualificada. De modo similar, a funcionalidade da EPT será restrita se houver uma enorme quantidade de trabalhos precários a serem ocupados pelos indivíduos qualificados. Essa discussão será aprofundada no tópico 5.6 deste livro, ao discutirmos a pesquisa do Dieese sobre educação profissional e mercado de trabalho.

No embate entre mudança e permanência, destacamos que a mudança ocupou mais espaço em relação à flexibilização das relações de trabalho e da criação de empregos desregulamentados, legitimados por alterações legislativas e viabilizados pela existência de novos tipos de contratos de trabalho. O desmonte da capacidade do Estado de implementar políticas sociais – mediante aprovação da emenda constitucional do teto de gastos – e a precarização das relações de trabalho foram realizados com a justificativa de modernização do Estado

---

[215] CADASTRO GERAL DE EMPREGADOS E DESEMPREGADOS, [2020].
[216] CAVALLINI, 2020.

e das atividades laborais, conforme descrito no projeto *Uma ponte para o futuro*, lançado pelo PMDB no final de 2015.

3.8 Investidas contra a educação pública

A eleição de Bolsonaro a presidente da República foi acompanhada pelo crescimento da extrema direita no Congresso Nacional, criando uma nova composição no cenário político brasileiro, nas arenas do Legislativo e do Executivo, que podem alterar a disputa entre os diferentes projetos de educação para o Brasil. Como as disputas não ocorrem apenas dentro da institucionalidade, mas também fora dela, destaca-se o aumento de movimentos da extrema direita na sociedade civil.[217] Os mecanismos políticos e institucionais de controle entre os poderes foram colocados à prova durante o Governo Bolsonaro, e repetidas vezes não tiveram uma funcionalidade satisfatória.

O Governo Bolsonaro realizou várias investidas contra a educação – no campo simbólico e concreto – ainda no primeiro ano de mandato. Em abril de 2019, foi anunciado pelo segundo ministro da educação do governo, Weintraub, um corte no orçamento de quatro universidades federais. Posteriormente, o ministro estendeu o corte de 30% do orçamento discricionário a todas as universidades federais. O valor equivale a R$ 1,5 bilhão.[218]

Os institutos federais, instituições com maior oferta de educação da Rede Federal de Educação Profissional e Tecnológica, sofreu um corte de R$ 860,4 milhões.[219] Considerando as demais áreas da educação que foram afetadas, como bolsas de pesquisa e ensino básico, o corte atinge um valor total de 5,84 bilhões de reais.[220] Sobre a EPT, especificamente, é possível fazer alguns apontamentos.

O ministro Abraham Weintraub anunciou, em outubro de 2019, a criação do programa Novos Caminhos, que, segundo o ministro, seria responsável pela expansão da educação profissional e tecnológica no Brasil e, consequentemente, pela geração de novos empregos. De acordo com informações contidas no portal do Ministério da Educação

---

[217] BRASIL, 2022.
[218] OS, 2019.
[219] MARIZ, 2019.
[220] No final de maio, o governo reduziu o corte na educação de R$ 5,8 bilhões para R$ 4,25 bilhões.

e Cultura (MEC), o programa consiste em "um conjunto de ações para o fortalecimento da política de Educação Profissional e Tecnológica, em apoio às redes e instituições de ensino, no planejamento da oferta de cursos alinhada às demandas do setor produtivo e na incorporação das transformações produzidas pelos processos de inovação tecnológica".

Em julho de 2020, Weintraub foi substituído no cargo de ministro da Educação por Milton Ribeiro. Entretanto, como Weintraub foi responsável por lançar o programa Novos Caminhos, iremos focar, neste tópico, a atuação e as falas do ex-ministro durante o lançamento do referido programa.

De acordo com o portal do MEC, o Novos Caminhos tem como objetivo

> contribuir para o alcance da meta definida no Plano Plurianual 2020-2023, que é de elevar em 80% o total de matrículas em cursos técnicos e de qualificação profissional, alcançando 3,4 milhões de matrículas até 2023. Essa ampliação contribuirá para a inserção socioprodutiva de milhões jovens e trabalhadores e também para a alavancagem da produtividade e competitividade de diversos setores da economia.[221]

Entre as ações previstas no programa está a atualização do Catálogo Nacional de Cursos Técnicos (Portaria nº 1719, de outubro de 2019), a regularização de diplomas emitidos por instituições privadas de ensino superior a partir de 2016, bem como a criação de uma nova regulamentação para a oferta de cursos técnicos por instituições privadas de ensino superior.[222]

Até o momento, com o que se pode analisar a partir dos documentos disponíveis, não se encontra praticamente nenhuma inovação na política de EPT lançada pelo Governo Bolsonaro, mas apenas uma utilização da institucionalidade da educação profissional construída nas últimas décadas, dando continuidade a esses mecanismos mediante a ampliação do número de matrículas. A afirmação pode ser corroborada ao observarmos que o programa utiliza a base normativa criada pelos

---

[221] BRASIL, 2020a.
[222] Observa-se que o Plano Nacional de Educação 2014-2024, que define objetivos e estratégias específicas para a EPT (meta 10 e 11), não é citado em nenhum momento na apresentação do programa Novos Caminhos. Ainda que o PNE não impeça que os governos posteriores criem novos programas, a criação desse como política de Estado carrega a premissa, idealmente, de continuidade em relação às políticas públicas independentemente das alternâncias governamentais.

governos anteriores para o seu funcionamento. Assim, para o desenvolvimento de suas ações, o programa Novos Caminhos faz referência aos institutos federais, à lei responsável por instituir o Pronatec (Lei nº 12.513/2011), ao Sistec, entre outras institucionalidades da EPT. O fato de as regulamentações terem sido feitas mediante portarias (Portaria nº 1718/2019, Portaria nº 1.719/2019, Portaria nº 1720/2019) já indica a inexistência de novidades, do ponto de vista jurídico, no âmbito das políticas públicas de EPT, considerando que as portarias podem apenas regulamentar, mas não inovar no âmbito legislativo. Além disso, algumas estratégias que o programa apresenta como novidade já estavam presentes na lei que regulamentou os institutos federais. Um exemplo disso é a estratégia, presente no sítio oficial do Novos Caminhos, de "alinhar a oferta de cursos às demandas do setor produtivo". Essa estratégia já estava prevista no art. 6º, inciso IV da Lei dos Institutos Federais (Lei nº 11.892/2008).

A afirmação precedente não é nenhum fato inédito, tendo em vista que nenhuma política pública inicia do zero, mas sempre a partir de uma materialidade institucional anteriormente posta, bem como a partir da capacidade burocrática do Estado. Esse debate é realizado, com mais detalhes, no Capítulo 4 deste livro.

Uma das únicas inovações realizadas pelo programa seria a facilitação da oferta de EPT por Instituições Privadas de Ensino Superior (IPES),[223] o que ainda parece muito abstrato se pensarmos em como essa noção afetará as políticas públicas de EPT. O objetivo de facilitar a oferta de EPT por IPES parece se harmonizar com o programa Future-se[224] anunciado pelo atual governo, que pretende aumentar a participação da iniciativa privada na educação superior do Brasil.

Entretanto, devemos observar que a ideia de ampliar a participação da iniciativa privada no ensino superior parece ocorrer paralelamente a um projeto de precarização das universidades públicas do país, com o corte de orçamentos, corte de bolsas de pesquisas, afora os demais ataques simbólicos que o governo efetuou em relação às universidades públicas. Se a política pública pode ser analisada, sinteticamente, como a construção de uma solução para determinado problema,

---

[223] A inovação estaria na intensidade da participação das entidades privadas, mas não na participação em si, considerando que o Pronatec já previa a oferta de cursos técnicos por essas instituições de ensino.

[224] Até o momento, e a despeito da elevada divulgação, o programa Future-se não foi entregue ao Congresso Nacional como projeto de lei (PL).

o Governo Bolsonaro parece agir de forma inversa, criando primeiro um problema – precarização das universidades federais – para depois apresentar uma solução já construída, qual seja, a ampliação do setor privado no ensino superior.[225]

A análise do pronunciamento do ministro da Educação ao anunciar o lançamento do programa Novos Caminhos pode evidenciar alguns pontos relevantes dessa política:

> A escola pode ensinar um ofício. Aí vem o preconceito desses "intelectualoides", que acham que escola técnica não é boa porque ensina ofício. Tem que ser doutor. Está cheio de doutor sem emprego, mas é difícil ter um bom encanador passando fome ou na fila do Bolsa Família. É difícil um eletricista, um técnico bom, que não consegue se virar.[226]

Ainda que seja evidente a necessidade de realizar um esforço para o reconhecimento da importância da educação profissional e tecnológica para o país, esse reconhecimento não pode ocorrer em consonância com a precarização das universidades públicas e a deslegitimação das pesquisas produzidas na academia. Desse modo, a educação profissional deve ser uma escolha, e não um destino dos indivíduos. Isso porque essa linha argumentativa do ministro parece obscurecer um outro argumento exposto pelo seu antecessor no Ministério da Educação, que afirmava que "a universidade não é para todos, mas apenas para algumas pessoas".[227]

Agir para o reconhecimento e valorização de formações que preparam para o trabalho manual e não apenas para o trabalho intelectual, considerando que ambos possuem extrema importância para o desenvolvimento da sociedade e satisfação das necessidades humanas, envolve medidas de elevação dos salários pagos por essas ocupações. Além dos efeitos concretos decorrentes do aumento salarial, há expansão do valor simbólico dessas posições decorrentes de uma melhor remuneração aos indivíduos qualificados.

No geral, o programa Novos Caminhos parece conter poucas metas concretas para serem atingidas. A definição de objetivos a serem

---

[225] Devemos destacar que a Constituição de 1988 prevê a existência da iniciativa privada na educação, em todos os âmbitos. Esse fato não parece apresentar necessariamente um problema para a educação em geral. As investidas contra a educação estariam, de outro modo, em precarizar as universidades federais para apresentar o setor privado como solução.

[226] PINHO, 2019.

[227] UNIVERSIDADE, 2019.

alcançados sem a explicitação dos caminhos que serão trilhados, recursos que serão utilizados e processos e procedimentos que serão conjugados, torna frágil a obtenção de resultados concretos.

3.9 Conclusão do capítulo

As diversas normatizações sobre as políticas públicas de EPT abordadas nesse capítulo possuem como pano de fundo comum a organização jurídica, estatal e política conferida pela Constituição da República de 1988. As disputas políticas e jurídicas travadas durante esses 33 anos em torno da educação profissional e tecnológica ocorreram a partir da materialidade institucional e das arenas políticas estipuladas pelo texto constitucional. Essa observação permite identificar uma base material específica que mediou os diferentes projetos de EPT construídos durante esses anos. Entretanto, o apontamento dessa base material não ignora as lutas políticas e sociais que ocorrem fora do ambiente estatal e influenciaram na concretização das políticas públicas.

Se a Constituição de 1988 demarcou a institucionalidade, bem como as arenas políticas e jurídicas, a LDB de 1996 demarcou as diretrizes, os princípios e a organização da educação no Brasil, estabelecendo os parâmetros nos quais iriam ocorrer as reformas e as disputas em torno de diferentes projetos de educação.

Um grande marco desse período analisado foi a criação dos Institutos Federais de Educação, Ciência e Tecnologia e a instituição da Rede Federal, com a consequente criação de IFETs em todos os estados do Brasil e no Distrito Federal. Essa expansão dos institutos tinha como objetivo não concentrar apenas no Sul e no Sudeste o desenvolvimento de tecnologias e de capacidades produtivas, possibilitando a criação de uma educação de referência em outras áreas do país, como Nordeste, Norte e Centro-Oeste. Essa expansão foi acompanhada por uma interiorização, de modo a não concentrar os institutos apenas nas capitais do Brasil.

Ainda que os institutos federais possam oferecer EPT vinculadas às diferentes modalidades de ensino – da básica à superior –, ofertando cursos básico propedêutico, graduação tecnólogo, licenciatura e mestrado profissional, os dados da Plataforma Nilo Peçanha evidenciam que, de todos os cursos oferecidos pelos institutos federais, 55% são cursos técnicos, consolidando a identidade dos IFETs, que não se confunde com as universidades tecnológicas. Além de a Lei nº 11.892/08 definir a obrigatoriedade de 50% de cursos técnicos pelos institutos, também definiu a oferta de, no mínimo, 20% de cursos superiores de licenciatura, com o objetivo de intensificar a formação de professores para o ensino básico e para a educação profissional.

Também demarcamos a importância do Pronatec para a EPT no Brasil, pois além de unir programas já existentes no âmbito da educação profissional, criou novas iniciativas que possibilitaram uma expansão no número de matrículas, como é o caso do Bolsa Formação. A criação de mecanismos de participação social, instrumentos de articulação intra e intergovernamental e de procedimentos de monitoramento de implementação foram avanços importantes realizados pelo programa tanto em termos de aprimoramento institucional como em relação à capacidade político relacional e capacidade técnico administrativa. O programa, entretanto, não ficou livre de críticas em relação ao oferecimento de cursos de FIC (160 horas) em detrimento dos cursos técnicos (800 horas).

Em relação à chave da permanência e mudança, os institutos federais demarcaram uma maior consolidação da sua institucionalidade se comparados ao Pronatec. Isso porque esse programa foi sendo esvaziado paulatinamente nos últimos anos do Governo Dilma e durante o Governo Temer. A partir de 2015, com a recessão econômica, houve um desaceleramento do Pronatec em relação ao número de matrículas e ao investimento de recursos financeiros.[228] Entre 2018 e 2019, o número total de alunos atendidos pelo Pronatec havia caído 58%.

Assim, embora tenha tido avanços ao unir e articular diversas frentes da EPT no mesmo programa e ampliar o número de matrículas de EPT, o Pronatec está sendo fragilizado em termos de permanência nos últimos quatro anos. Essa fragilização ocorreu, ao que parece, tanto por parte do governo que o lançou – se considerarmos o segundo mandato de Dilma –, como em relação aos governos que sucederam sua criação.

A promulgação de dois Planos Nacionais de Educação durante esse período – PNE 2001-2010 e PNE 2014-2024 – com um prazo de duração decenal representa o anseio de construir uma política de Estado para a educação. Em outras palavras, estabelecer objetivos para a educação brasileira que serão continuamente seguidos, independentemente do governo que eventualmente venha a tomar à frente do Estado. A ascensão de um novo governo que, na ânsia de colocar seu rótulo para a

---

[228] GOMES, 2016.

educação, acaba desconsiderando os avanços realizados pelos governos anteriores – como já observado – acaba criando um trajeto de descontinuidade para a educação brasileira. Ainda que haja uma materialidade institucional que permanece com as trocas governamentais, há sempre uma relação dialética entre estrutura institucional e agentes políticos, pois um não se movimenta sem o outro.

Assim, os agentes políticos e sociais agem a partir de uma materialidade institucional – arenas políticas, pontos de veto, instituições –, e, ao mesmo tempo, a estrutura institucional, ainda que demarque limites e restrições aos indivíduos, só é colocada em movimento mediante a ação desses agentes políticos e sociais.

A relação entre mudança política e permanência institucional toma uma conformação específica no caso dos institutos federais, sendo possível verificar uma espécie de aproveitamento institucional. Os IFETs utilizaram-se da institucionalidade posta pelos Cefets para, a partir dela, aprofundarem os seus arranjos e suas potencialidades em relação à EPT. A contradição entre permanência e mudança, nesse caso, possui como síntese o aproveitamento institucional. Essa discussão entre as alterações na dinâmica política e uma eventual permanência das instituições será realizada, com mais detalhamento, no próximo capítulo.

CAPÍTULO 4

MUDANÇA POLÍTICA E PERMANÊNCIA INSTITUCIONAL

Ainda que possamos apontar uma descontinuidade da educação marcada por diversas políticas públicas formuladas por diferentes governos e partidos políticos, é necessário sublinhar, como hipótese, um fator de permanência demarcado pelas estruturas institucionais criadas por tais políticas, e ainda observar que, muitas vezes, as novas políticas públicas formuladas valeram-se da realidade institucional previamente existente para aprimorarem os arranjos desses programas.

Assim, o capítulo precedente se dividiu em vários tópicos que abordam diferentes leis, decretos e portarias. Esse fato nos permite visualizá-lo, ao menos, de duas maneiras: a partir dos projetos isolados de educação profissional que surgem com a ascensão de um novo governo, ou a partir da evolução e das adaptações realizadas pelos governos mediadas por uma materialidade institucional já existente.

A afirmação anterior não defende que os diferentes políticos e burocratas que estiveram à frente do Estado durante esses anos tinham uma mesma linha de atuação e estavam no mesmo campo ideológico. Em sentido diverso, pretendemos refletir sobre a seguinte hipótese: embora haja constantes alterações governamentais, há uma tendência de as estruturas legais permanecerem sobre o tempo? Como a atuação dos diversos políticos e burocratas é modelada a partir da materialidade institucional que estão inseridos?

A permanência que toda instituição almeja – ao consolidar-se enquanto estrutura com o decurso temporal – e a mudança a que todo novo governo aspira, ao tentar inserir sua marca e concretizar seus projetos políticos, formam uma verdadeira contradição, que produziu diferentes sínteses ao longo da história do Brasil.

Essa mesma discussão está imbricada com o debate no campo jurídico sobre políticas de Estado e políticas de governo, pois o advento de um novo governo é quase sempre a composição de novos sujeitos políticos lidando com uma estrutura institucional herdada do passado. Assim, embora todo governo anseie que sua política se consolide como uma política de Estado, algumas políticas possuem a duração semelhante ao mandato de seus criadores, enquanto outras se perpetuam e passam a fazer parte dos planos de governo de diferentes espectros ideológicos.

Outra caracterização possível é colocar o debate sob o manto da conjuntura e da estrutura. Há sempre uma conjuntura política formada a cada governo, influenciada por fatores como crescimento econômico, taxa de desemprego, correlação de forças entre as classes e frações de classe, composição do governo, composição do Congresso Nacional. Entretanto, essa conjuntura nunca ocorre em um vazio, mas em uma estrutura institucional própria, que amplia ou restringe os limites das ações políticas advindas de diferentes atores políticos e sociais. Novos atores políticos não significam, necessariamente, novas estruturas políticas, pois tais atores herdam a materialidade política que atuarão. Entretanto, essa tensão abre a possibilidade para que a conjuntura acabe se fixando na estrutura, de modo a alterá-la.

Podemos utilizar uma imagem para ilustrar essa ideia. Ainda que mudem as peças de um tabuleiro de xadrez, adicionando mais torres ou cavalos, o tabuleiro continua com o mesmo número de casas. Falar sobre desenho jurídico institucional é afirmar que o cavalo, dentro desse tabuleiro, poderá se mover apenas em L, e não como o jogador quiser que ele se movimente.

Deve-se considerar que a conjuntura também é capaz de alterar relativamente a estrutura, de modo que parte do que é conjuntural pode se transformar em estrutural. A política de governo vira política de Estado, assim como fatores conjunturais, por vezes, viram fatores estruturais.

Promulgar uma Constituição que irá organizar as bases do Estado e estabelecer suas diretrizes de funcionamento – demandando para sua alteração um quórum de três quintos com duas votações em cada Casa do Congresso Nacional – remete justamente ao anseio de garantir uma estrutura mínima para o Estado, para as instituições e para o funcionamento político, que não dependa totalmente dos eventuais sujeitos políticos que venham a tomar a frente, provisoriamente, do Estado brasileiro.

Outra possibilidade de análise para essa relação é olhar para fora do Estado, ou seja, as disputas que ocorrem entre as classes sociais antagônicas que não ocupam, necessariamente, cargos e funções dentro da burocracia estatal. Ainda que a materialidade institucional do Estado atravesse essas disputas sociais, o papel das instituições, nesse caso, é de mediação e não de contraposição. As demandas de movimentos sociais ou de grandes empresários em face das políticas implementadas pelo Estado terá uma permeabilidade maior ou menor a depender do governo que está, momentaneamente, tomando a frente do Estado, bem como da correlação de forças existente. De forma similar, a própria estrutura institucional e organizacional do Estado delimitará os modos pelos quais as demandas sociais entrarão na agenda governamental.

O atual apontamento é uma crítica, do próprio autor, sobre a relação entre mudança política e permanência institucional ser demasiadamente estatista, por considerar apenas as disputas que ocorrem no seio do Estado. De todo modo, a chave de mudança e permanência não perde sua relevância, pois esta permite inserir a categoria de movimento à análise político institucional, além de possibilitar – como se veremos no parágrafo seguinte – a visualização de uma unidade contraditória entre campos aparentemente contrapostos.

A mudança política e a permanência institucional não devem ser visualizadas como pontos apartados e separados. De outro modo, devem ser observadas como uma unidade dialética, interagindo de forma recíproca. Quando a mudança política pretende se impor, há estruturas institucionais que limitam sua atuação na tentativa de preservar as instituições postas. Do mesmo modo, quando a permanência institucional pretende se consolidar, as ações do governo que objetivam uma mudança política atuam em sentido contrário.

Essa contradição entre mudança e permanência pode ser elucidada pela concepção de superação dialética. Hegel utilizava a palavra alemã *aufheben* para expressar seu conceito de dialética. Embora *aufheben* possa ser traduzido como "suspender", esta expressão possui três significados: "negar", "conservar" e "elevar". Hegel utiliza a palavra com os três significados ao mesmo tempo, utilizando a noção de trabalho para ilustrar essa ideia.[229] Se pensarmos no trabalho como uma ação de homens e mulheres para transformar a natureza de acordo com as necessidades humanas, podemos aplicar os três significados

---

[229] KONDER, 2008.

ao processo de trabalho. Ao pensar no processo de construção de uma mesa, visualizam-se os três sentidos de *aufheben*: 1) a árvore enquanto matéria-prima é negada, ou seja, destruída; 2) parte da matéria-prima é conservada, enquanto madeira que será utilizada na construção do objeto; 3) a madeira, enquanto matéria-prima conservada, ganha uma elevação ou superação, ao ser transformada em mesa.

O processo histórico e a sucessão de diferentes épocas também podem ser compreendidos a partir dos três significados da referida palavra. O período de redemocratização no Brasil, que formalmente foi de 1985 até 1988, ilustra essa ideia. 1) Para realizar a transição democrática, ocorreu a *negação* da ditadura militar que vigorou de 1964 a 1985, com a deposição dos militares do governo e a eleição indireta de Tancredo Neves. 2) Entretanto, houve a *conservação* de diversos aspectos jurídicos, institucionais e culturais que permaneceram após o fim da ditadura. A Lei da Anistia resultou na ausência de punição dos militares que praticaram uma série de crimes durante o período ditatorial. Alguns ministros do STF, indicados por generais durante a ditadura, continuaram após o período de redemocratização, como é o caso de Moreira Alves. O presidente que assumiu no período de redemocratização e de promulgação da Constituição de 1988 – após a morte de Tancredo Neves – foi José Sarney, político da Aliança Renovadora Nacional (Arena), partido situacionista durante a ditadura. 3) a promulgação da Constituição de 1988 representou uma forma de *superação* do regime ditatorial, com a criação de um novo marco institucional e político para o país e a demarcação de um projeto de sociedade e de Estado que se pretendia democrático e solidário.

4.1 Compreendendo as instituições

Para elucidar a discussão, é válido fazermos algumas considerações sobre o que se entende por instituição. Douglas North elaborou um conceito muito replicado nas pesquisas institucionalistas, definindo-as como "as regras do jogo", ou seja, os parâmetros que ditarão os espaços nos quais ocorrerão as disputas políticas e, também, como ocorrerão tais disputas.[230] Desse modo, as decisões coletivas podem ser compreendidas não como meras somas de interesses individuais, mas sim como forma

---

[230] NORTH citado por BUCCI, 2013.

de integração desses interesses.[231] Isso porque os interesses individuais não se agregam de forma deslocada da estrutura jurídica e política, mas, de outro modo, as instituições servem como mediadoras no processo de transformação de diversos interesses individuais em decisões coletivas. Para exemplificar esse ponto, Ellen Immergut considera a relação entre eleitores e políticas públicas, afirmando que,

> se os eleitores pudessem expressar plena e livremente suas opiniões sobre cada política pública, o resultado seria, provavelmente, um caos de opiniões ao invés de um consenso com relação a essas políticas. Os procedimentos políticos (...) impõe limites ao processo político, que permitem as tomadas de decisão, mesmo onde não há um equilíbrio natural de preferências.[232]

As políticas públicas dificilmente são criadas do zero, tendo em vista que partem de uma estrutura institucional anteriormente posta, que ampliará ou restringirá suas chances de efetividade. Nas palavras de Bucci: "As concepções e os regramentos de cada estágio passam a ser o ponto de partida da fase ulterior."[233] Dessa maneira, o êxito de uma política pública é mediado pelas instituições jurídicas consolidadas na estrutura estatal.

O caráter de impessoalidade que as instituições ganham com o passar do tempo auxiliam nessa permanência institucional. Assim, a objetividade das instituições – que Bucci recupera de Santi Romano – faz com que essas não se confundam com as pessoas que as instituíram,[234] pois as instituições possuem um caráter de permanência que transcende a existência dos seus criadores. Dito de outro modo, os idealizadores perecem, as instituições permanecem.

Entretanto, é importante enxergar essa dualidade entre permanência e mudança não de forma estática, mas de uma perspectiva dinâmica, inserindo a categoria de movimento à interação entre instituições e mudança política. Para utilizar a metáfora de Bourdieu, pensemos em uma foto tirada de uma partida de pôquer.[235] A foto será capaz de captar apenas um instante da distribuição das fichas do jogo. Entretanto,

---

[231] BUCCI, 2013.
[232] IMMERGUT citado por BUCCI, 2013.
[233] BUCCI, 2013.
[234] BUCCI, 2013.
[235] BOURDIEU, 2017.

a distribuição e redistribuição das fichas ocorreram antes da foto e continuam ocorrendo no decorrer da partida, após a foto. O mesmo pode ser dito em relação à interação entre instituições e ambiente político, de modo que devemos evitar tomar a ilustração momentânea como representação da totalidade dessas interações.

Seguindo essa lógica, podemos afirmar que determinada estrutura institucional, composta pelos mesmos arranjos, funcionará de forma diversa a depender do contexto político com o qual interage, bem como dos atores políticos e sociais que o compõe. A perspectiva de visualização deve ser relacional, considerando que ao mesmo tempo em que a instituição irá modelar os limites de atuação da ação política, a própria ação política será determinante para a efetividade da instituição. A relação, como se vê, não é unilateral, mas recíproca. Vale lembrar, ainda, que muitas vezes a ação política introduz reformas institucionais como modo de possibilitar maior eficácia aos seus projetos.

Dessa forma, mesmo com um caráter de permanência, as instituições possuem uma capacidade de alteração em decorrência das transformações do ambiente econômico e político, que não são indiferentes à materialidade institucional do Estado. Um fator que pode ser decisivo para a efetividade – ou inefetividade – das instituições diz respeito ao orçamento necessário para colocá-las em funcionamento. Se pensarmos na institucionalidade consolidada dos institutos federais, podemos afirmar que o corte de orçamento cria restrições que dificilmente são superáveis apenas pelo caráter de permanência da sua institucionalidade. Os indivíduos e a infraestrutura física, que permitem o funcionamento da instituição, são obstaculizados e impossibilitados por cortes em verbas à educação profissional. A materialidade institucional, embora externa ao indivíduo, necessita dele para o seu devido funcionamento.

A promulgação de uma nova LDB durante a ditadura militar, em 1971, é um exemplo disso, tendo em vista que o governo militar adaptou a base normativa educacional para consolidar as mudanças que aspirava à educação. O próprio ensino profissional compulsório, a partir do segundo grau, só foi viabilizado pelas alterações realizadas no âmbito da Lei de Diretrizes e Bases da Educação.

Interessante observar que uma das causas – entre várias – do fracasso da educação profissional compulsória durante a ditadura militar se refere ao fato de que o governo se limitou a alterar a legislação e não acrescentou recursos materiais e imateriais – como infraestrutura escolar e preparação de professores de EPT – que viabilizassem o funcionamento da educação profissional. Em outras palavras, uma alteração legislativa, por si só, não é sinônimo de criação de laboratórios nas escolas e nem de preparação de professores sintonizados com as especificidades dessa modalidade educacional. Para informações mais detalhadas sobre a EPT nesse período, conferir o tópico 2.4 deste livro.

A identificação do componente jurídico, inserido nessa discussão, está no fato de que essas estruturas despersonalizadas – que permeiam as decisões coletivas e as disputas políticas – são organizadas e consolidadas a partir de regras e procedimentos jurídicos.[236] Nas palavras de Santi Romano, "o direito são as normas e o que põe as normas".[237]

Um dos paradoxos estaria em conferir estabilidade e previsibilidade às instituições, mesmo considerando que essas interagem com um ambiente extremamente dinâmico, no qual o caráter de mudança está sempre presente. Assim, fatores como a periodicidade eleitoral, a mudança na coalizão dos partidos políticos, a desaceleração (ou aceleração) do crescimento econômico, a reorganização dos grupos de interesses, as reformas constitucionais, a ocorrência de desastres ambientais, entre outros, criam uma tensão dialética entre permanência institucional e mudança política.

Por esse motivo, é necessário que as estruturas legais, que permanecem no tempo, possuam alguma capacidade de mudança e adaptação, considerando as novas necessidades criadas em decorrência de rápidas alterações no campo econômico, social e político.[238]

Não é possível pensarmos essa estrutura institucional de forma isolada, mas é necessário a analisarmos na sua constante interação com o ambiente político, social e econômico, considerando que a intensidade das disputas e dos conflitos no campo social e político será determinante para a consolidação da permanência ou abertura às mudanças na materialidade institucional. Do mesmo modo que não pensamos a estrutura institucional desvinculada das disputas políticas e sociais, também não podemos enxergar os conflitos políticos de maneira isolada, como se esses não interagissem com uma materialidade institucional que delimitará e restringirá suas possibilidades de atuação. A política não ocorre solta no espaço, mas é um campo de disputa mediado pela

---

[236] BUCCI, 2013.
[237] ROMANO citado por BUCCI, 2013.
[238] CLUNE, 2021.

materialidade institucional, pois os arranjos institucionais delimitam, em diferentes níveis, a ação política.

A adoção de uma perspectiva relacional permite que não caiamos na ingenuidade objetivista, que enxerga apenas a estrutura social e considera as ações humanas como meros reflexos automáticos da estrutura social. Assim, os indivíduos perdem subjetividade e viram espécie de autômatos, respondendo todos de forma semelhante aos contextos estruturais e institucionais. Do mesmo modo, não podemos cair em uma visão subjetivista, acreditando que a ação humana ocorre em um espaço vazio, desvinculado de qualquer tipo de estrutura política, social e institucional, que delimita e conforma suas atuações. Nesse pensamento, os homens são inteiramente livres, não possuindo nenhuma determinação externa à sua própria personalidade, e alçando como único patamar válido a ação humana, sem nenhuma interação ou restrição imposta pela estrutura com a qual interage. A perspectiva relacional nos permite compreender que a ação política constitui as instituições, bem como é por essas constituída. Do mesmo modo, as instituições conformam a ação política, ao mesmo tempo que é conformada por essa ação.

4.2 Aportes sobre a dependência da trajetória

A discussão realizada neste capítulo encontra eco na noção de *path dependence* (dependência da trajetória), a qual afirma que as decisões tomadas no momento que as instituições são formadas influenciam de maneira relevante no futuro funcionamento dessas, considerando o provável constrangimento criado pelas instituições que dificultaria eventuais mudanças em sua estrutura.[239] Assim, a dependência da trajetória é relevante para delimitar a direção e o desenvolvimento posterior das instituições e das políticas públicas. Decisões tomadas anteriormente não só afetam os resultados que ocorrerão posteriormente, como também tendem a reforçar a direção inicialmente estabelecida na política pública. Para Pierson, levar em conta a dependência da trajetória é dar atenção às dinâmicas que reforçam (*self-reinforcing*) os arranjos institucionais anteriormente postos, como também compreender os *feedbacks* positivos que ocorrem no sistema político.[240]

---

[239] GAINS; JOHN; STOKER, 2005.
[240] PIERSON, 2004.

Pierson aborda a importância de se analisar a dimensão temporal nos processos políticos, tendo como premissa a afirmação de que "a história importa" para uma melhor compreensão das políticas públicas e dos processos políticos subjacentes a estas. Assim, tece algumas críticas a uma construção teórica dos cientistas sociais realizadas de forma a-histórica, sem levar em conta a dimensão do tempo e do espaço no qual as ações se desenrolam. Essas análises podem ser comparadas com uma foto tirada de uma partida de pôquer. A foto é capaz de captar, como já dito, um momento específico da partida, de modo que o número de fichas em jogos e a sua distribuição eram diferentes antes e depois da foto. Inserir a dimensão histórica da política permitiria, segundo Pierson, captar as imagens em movimento.

Para realizar essa análise, Pierson introduz alguns conceitos subjacentes à noção de *path dependency*. O primeiro seria o conceito de *increasing returns*, os quais, segundo o autor, possuem elevada importância porque "apontam como os custos de mudar de uma alternativa para outra irão, em certos contextos sociais, aumentar consideravelmente ao longo do tempo". Isso porque, segundo o professor de Harvard, "cada passo dado em direção de um caminho particular produz consequências que tornarão esse caminho mais atraente na próxima rodada".[241]

Assim, Pierson busca exemplificar a lógica subjacente ao *incresing returns* a partir de uma ilustração matemática:

> Imagine uma grande urna que contém duas bolas, uma preta e uma vermelha. Remova uma bola e em seguida devolva-a à urna, acompanhado por uma bola adicional da mesma cor. Repita esse processo até a urna encher.[242]

Para refletirmos sobre a imagem, podemos afirmar que se inicialmente a urna contém uma bola vermelha e uma preta, há uma proporção de 50% de cada cor. Após a primeira escolha, se considerarmos a hipótese de que foi retirada uma bola vermelha, ao ser devolvida com outra da mesma cor, a urna já terá uma proporção de 66,6% de bolas vermelhas e 33,3% de bolas pretas. Como esse procedimento deve ser repetido até que a urna se encha, as primeiras decisões fornecerão um

---

[241] PIERSON, 2000.
[242] PIERSON, 2000.

retorno crescente (ou *feedback* positivo) que será determinante para o desenrolar posterior do processo.

Entretanto, como não sabemos ao certo qual bola será retirada nas primeiras ações, é possível termos uma proporção de "99,9% de vermelhas ou 0,01% de vermelhas, ou qualquer coisa entre elas".[243]

Segundo Pierson, esse processo é denominado pelos matemáticos de urna de Pólya, de modo que suas características derivam do fato de que

> um elemento provável (ou obra do acaso) é combinado com uma regra de decisão que liga probabilidades atuais com os resultados de sequências (em parte aleatórias) anteriores (...). Cada passo ao longo de uma trajetória em particular produz resultados que tornam essa trajetória mais atraente na próxima rodada. Quando tais efeitos começam a acumular-se, eles geram um poderoso ciclo virtuoso (ou vicioso) de atividade autorreforçada.[244]

Desse modo, há inicialmente um elemento aleatório que irá se combinar com probabilidades, reforçando e acumulando o caminho para determinada direção e, consequentemente, criando uma maior probabilidade de alcançar determinados resultados em detrimento de outros. Entretanto, esses resultados só se tornam mais ou menos prováveis depois que as primeiras ações foram tomadas e reforçadas.

Devemos anotar a ressalva de que discutir dependência da trajetória nos Estados Unidos – local em que a teoria foi criada – possui evidentes diferenças com o Brasil, considerando que o Estado norte-americano possui uma mesma Constituição desde a sua fundação. O sistema Common Law adotado pelos EUA, que possibilita que parte das mudanças ocorram a partir de novas interpretações do Poder Judiciário, também demarca essas diferenças com o sistema Civil Law adotado no Brasil. A posição que o Brasil ocupa na divisão internacional do trabalho, enquanto economia periférica e subdesenvolvida, produz reflexos diretos sobre as políticas públicas que por aqui serão elaboradas e implementadas. Entretanto, levando em consideração essas diferenças, podemos encontrar pontos de contato nessa teoria que nos permite analisar, ainda que brevemente, como ocorre a relação entre

---

[243] PIERSON, 2000.
[244] PAVARINA, 2016.

permanência institucional e mudança política relacionado às políticas públicas de EPT no Brasil.

4.3 Mudança e permanência nas políticas de educação profissional e tecnológica

Feitas as considerações sobre o pano de fundo que envolve a discussão, podemos adentrar a análise das políticas de educação profissional a partir dessa problemática. Os institutos federais, que de algum modo se valeram da institucionalidade já consolidada dos Cefets para a edificação de uma nova institucionalidade, são um exemplo evidente dessas adaptações institucionais, atravessadas por permanências institucionais e mudanças políticas. Se considerarmos a afirmação de Pierson, de que as primeiras decisões na criação da instituição tendem a ser reforçadas ao longo do tempo, podemos afirmar que a criação das 19 Escolas de Aprendizes e Artífices (EAAs) pelo presidente Nilo Peçanha, em 1909, demarca o início da institucionalidade do que hoje conhecemos como Rede Federal de Educação Profissional e Tecnológica. O próprio fato de os institutos federais estarem presentes em todos os estados da Federação encontra sintonia com a criação das EAAs em todos os estados que o Brasil possuía à época do surgimento dessas escolas.

Embora a Escola de Aprendizes e Artífices tenha possuído vários nomes ao longo desses mais de 100 anos – liceus industriais, escolas industriais e técnicas, Escolas Técnicas Federais –, pode-se afirmar que a alternância na nomenclatura não foi suficiente para apagar alguns traços institucionais criados em 1909. A própria responsabilidade da União por esses estabelecimentos estava presente tanto em 1909, como continua presente hoje, tendo em vista que a União é o ente federativo responsável pela Rede Federal, ainda que consideremos todas as mudanças ocorridas nesse período.

De acordo com Wollinger, a permanência da institucionalidade da Rede Federal pode ser identificada, apesar das alterações ao longo de mais de 100 anos, mediante: I) a oferta de formação laboral a partir de profissões e ocupações; II) as estruturas físicas, incluindo laboratórios e oficinas; III) as doutrinas educacionais que se consolidam na formação de novos docentes e são incorporadas à EPT. O dispositivo legal (artigo 8º da Lei nº 11.892/08) que determina que 50% das vagas serão ofertadas na modalidade de educação profissional técnica de nível médio garante que a institucionalidade dos IFETs mantenha a sua identidade enquanto "instituição para formação de trabalhadores".[245]

Fixando o olhar nos últimos 10 anos, a institucionalidade dos institutos federais parece ter se consolidado no tempo, deixando de ser uma política de governo e tornando-se política de Estado, considerando que a existência e funcionamento dos IFETs transcendem o governo que o criou. Embora os institutos tenham sido criados em 2008, a partir da Lei nº 11.892, os governos que o sucederam continuaram se valendo de suas potencialidades. O Governo Dilma prosseguiu com a expansão da Rede Federal, e o Governo Temer, embora não tenha dado prosseguimento à política de expansão, continuou registrando números elevados de matrículas em EPT provenientes dos IFETs. Os dados retirados da Plataforma Nilo Peçanha, expostos no tópico 3.3.2, demonstram que os IFETs foram responsáveis por um número elevado de matrículas em EPT em 2018.

Importante observar, da perspectiva jurídica, que a consolidação dos institutos como política de Estado ocorreu a partir de uma legislação infraconstitucional, não sendo necessário que essa política estivesse presente na Constituição para garantir seu caráter de permanência. Ainda que a rigidez da Constituição e a dificuldade de aprovação de emendas (três quintos em dois turnos de votação) crie algum freio para os ímpetos de mudança, esse procedimento legislativo não é suficiente para a consolidação de políticas públicas no tempo. Em outras palavras, a criação de uma política de Estado envolve muitos outros fatores que não se limitam à inserção da política no texto constitucional.

O Pronatec é outro exemplo desse proveito institucional, tendo em vista que o referido programa articulou as diversas iniciativas existentes no âmbito de educação profissional, aproveitando da estrutura, por exemplo, dos institutos federais, e inovando ao sistematizar as demandas de EPT no país e aprofundar a democratização do acesso a essa modalidade educacional, inclusive com a criação de novas iniciativas que se integraram às ações preexistentes, como é o caso do Bolsa Formação.

Desse modo, o Pronatec aproveitou a estrutura institucional dos Serviços Nacionais de Aprendizagem do Sistema S, da Rede Federal, da Rede estadual de Escolas Técnicas e até das instituições privadas

---

[245] Apontamentos feitos pelo professor Paulo Wollinger em *e-mails* trocados com o autor no decorrer de 2019.

de ensino superior e ensino técnico cadastradas no Sistec. Em outras palavras, a mudança efetuada pelo Pronatec ocorreu a partir do aproveitamento das instituições de EPT já consolidadas anteriormente.

Entretanto, o caráter de permanência da institucionalidade do Pronatec é reduzido se comparado ao da Rede Federal, considerando que aquele programa foi desacelerado nos últimos cinco anos. Embora tenha ampliado o número de matrículas entre 2011 e 2014, a partir de 2015, houve um esvaziamento do Pronatec em relação ao número de matrículas e aos recursos investidos.[246] Com o início do Governo Temer, também ocorreu uma redução de investimentos no programa. Essa falta de permanência da institucionalidade do Pronatec pode ser explicada por, no mínimo, três hipóteses: a) o fato de que o governo que o criou não teve tempo para finalizar a implementação dessa política e consolidar sua institucionalidade, em vista do processo de *impeachment* de 2016; b) as avaliações negativas feitas em relação ao Pronatec no que se refere à baixa empregabilidade e uma taxa considerável de evasão dos cursos oferecidos,[247] fato que desencorajaria os governos posteriores a prosseguir com o programa; c) a existência de gargalos jurídico-institucionais que dificultaram a efetividade da política pública.

O Pronatec, por outro lado, promoveu um controle centralizado ao mesmo tempo que incentivou a autonomia das redes estaduais, instituições privadas e Rede Federal de EPT. A centralização do controle da EPT estaria na focalização das demandas de educação profissional pelo Setec/MEC, responsável por coordenar tais ações, bem como pelo registro das matrículas pelo Sistec. A autonomia estaria em conferir às instituições privadas, redes estaduais de EPT, Rede Federal, Sistema S, e demais instituições, a possibilidade de gerir as matrículas e os cursos de educação profissional. O próprio fato de a fiscalização das redes privadas ser realizada pelo instituto federal da região que está localizada a instituição privada demonstra uma descentralização dessas ações e um fortalecimento da autonomia dos institutos. Essa relação entre direção centralizada e ação autônoma é apontada por Teubner como o problema central da política pública.[248]

A indicação de dirigentes da Rede Federal – com ampla experiência na política educacional em discussão – para cargos na Secretaria

---

[246] GOMES, 2016.
[247] GOMES, 2016.
[248] TEUBNER citado por CLUNE, 2021.

de Educação Profissional e Tecnológica (Setec)[249] aponta para um aproveitamento da experiência acumulada pelos indivíduos que ocuparam posições dentro das instituições de EPT, como é o caso dos institutos federais. Assim, observamos um aproveitamento não apenas da estrutura institucional, mas também da experiência acumulada em política educacional em virtude de posições ocupadas dentro dessas instituições.

A elaboração de um Plano Nacional de Educação, estabelecendo metas para a educação que o Estado deve seguir, independentemente das alternâncias governamentais, parece justamente uma forma de frear ou amenizar a intensidade do que chamamos de mudança política. Para utilizar um vocabulário jurídico, elaborar uma política de Estado é justamente possibilitar que a permanência não seja só institucional, mas também em relação aos projetos políticos trilhados e perseguidos. Como sabemos que mudanças estruturais costumam demandar um longo período temporal, demarcar a existência de uma política de Estado para a educação, que será seguida a despeito do governo que estiver a frente do Estado, é uma estratégia de consolidação de um projeto de educação a médio prazo.

Entretanto, deve-se apontar que, embora haja grande mérito na elaboração do PNE – e a forma como ele foi elaborado, a partir de uma intensa mobilização da sociedade civil e de educadores –, os resultados até o momento, em 2019, são insatisfatórios. Transcorridos mais de cinco anos de existência do PNE 2014-2024, as metas sobre educação profissional e tecnológica – meta 10 e 11 – estão longe de serem atingidas. Talvez seja possível intensificarmos a nossa imaginação institucional para pensarmos em mecanismos jurídicos que vinculem, de algum modo, os governos aos objetivos traçados por uma política de Estado como o PNE. Assim, possibilitar que uma política de Estado não seja considerada "de Estado" apenas pelo governo que a criou.

---

[249] CASSIOLATO; GARCIA, 2014.

CAPÍTULO 5

INTERSECÇÕES ENTRE EDUCAÇÃO E TRABALHO: PRESSUPOSTOS DA EPT

5.1 Educação profissional e organização do trabalho

A importância de compreender o trabalho e a sua organização atual, em um livro que tem como objeto de pesquisa as políticas públicas de educação profissional e tecnológica, justifica-se pela compreensão de que as várias dimensões que envolvem a vida humana – educação, trabalho, políticas públicas, cultura, instituições, mundo do trabalho, direito, economia – não ocorrem de forma isolada na sociedade, mas em outro sentido, estão inter-relacionadas e possuem uma interação que resulta em determinações recíprocas entre si.

Em outras palavras, falar sobre educação profissional é falar, também, sobre as transformações ocorridas no mundo do trabalho nas últimas décadas que influenciaram, inclusive, na concepção que temos de EPT, e ainda nas demandas do setor produtivo para que a educação profissional qualifique uma força de trabalho que esteja sintonizada com o mundo do trabalho no qual essa força atuará. Assim, a própria educação profissional se reveste de diferentes formas e objetivos a partir das mudanças ocorridas no regime de acumulação capitalista, na organização do trabalho, bem como mediante a inserção de novas tecnologias no mundo da produção. Entretanto, essa determinação não ocorre de forma unilateral, de modo que, ao mesmo tempo que a EPT é constituída pela organização do trabalho, ela também a constitui.

Se as políticas públicas de EPT possuem como pressupostos a educação e o trabalho, é necessária a compreensão de ambas para visualizarmos, de forma mais precisa, a própria educação profissional. Entretanto, não basta a compreensão do trabalho tão somente na sua dimensão abstrata, mas se torna relevante o entendimento da sua materialidade, considerando que o trabalho se reveste de diferentes formas, de acordo com o seu modo de organização, como também a depender do modo de produção em que está inserido. A materialidade do trabalho não está apenas em identificar as suas especificidades no modo de produção capitalista, mas também as mudanças e alterações ocorridas a partir dos diferentes regimes de acumulação.

Assim, faremos uma breve exposição, neste tópico, das diferentes formas de organização do trabalho – a partir do fordismo – para, posteriormente, focarmos o modo pela qual o trabalho se organiza atualmente. Em um segundo momento, abordaremos a educação e o trabalho como especificidades humanas, que possibilitam a transformação do mundo natural em mundo cultural. Antes de adentrar a análise, entretanto, é relevante fazer algumas considerações sobre as dinâmicas políticas e econômicas que influenciaram a reorganização do mundo laboral.

As transformações na organização do trabalho estão vinculadas às alterações no regime de acumulação capitalista. O período após a Segunda Grande Guerra é marcado pela progressiva consolidação de um Estado de Bem-Estar Social na Europa e nos Estados Unidos, pelo keynesianismo como horizonte das políticas econômicas e pela criação de redes de proteção social.[250] A existência de duas potências representando dois projetos de sociabilidade humana – EUA com o capitalismo e URSS com o socialismo real – acaba criando disputas geopolíticas e lutas por influência mundial, constituindo a chamada Guerra Fria. O bloco capitalista, representado pelos EUA, é pressionado a criar redes de proteção social, aumentar a massa salarial e ampliar as políticas de bem-estar para fazer frente ao projeto de sociedade representado pela União Soviética e frear eventuais ânimos revolucionários por parte da classe trabalhadora. A criação de um Estado de Bem-Estar Social na Europa e nos EUA pode ser compreendida como uma resposta do bloco capitalista aos embates com a União Soviética durante a Guerra Fria.

O fordismo não é apenas um modo de organização laboral ou um regime de acumulação, mas também uma forma de coesão social capaz de criar um mínimo de consenso entre os indivíduos e engendrar ideologicamente um horizonte de vida em comum entre os sujeitos. No clássico texto *Americanismo e fordismo*, Antônio Gramsci faz uma preciosa

---

[250] MASCARO, 2013.

análise sobre essa problemática: "Os novos métodos de trabalho são indissociáveis de um determinado modo de viver e pensar."[251] Dessa maneira, novos métodos de trabalho devem estar acompanhados da criação de uma subjetividade que esteja em sintonia com essas condições laborais. Em outras palavras, é necessária a criação de um consenso fabricado socialmente e incorporado subjetivamente pelos indivíduos.

Na década de 1970, o regime fordista e as políticas de bem estar-social entram em crise e são substituídos, paulatinamente, pelo neoliberalismo. Os governos de Ronald Regan, nos EUA, e de Margareth Thatcher, no Reino Unido são importantes marcos da consolidação de políticas neoliberais, embora a primeira experiência deste regime tenha sido implantada no Chile, durante a ditadura militar de Pinochet. No neoliberalismo, há uma hipertrofia da face financeira do capitalismo, ocorrendo uma relativa autonomia do capital portador de juros – pois ele se valoriza sem sair da sua forma dinheiro – e uma crescente facilitação da entrada de capitais financeiros internacionais. Ao mesmo tempo, ocorre uma financeirização da indústria, de modo que o capital industrial fica subordinado às demandas do capital financeiro e considerável parte das grandes empresas são organizadas na forma de sociedades anônimas, com abertura do seu capital na Bolsa de Valores.[252] [253] Em síntese, o modelo neoliberal é constituído por cinco grandes pilares: I) redução dos direitos sociais e serviços públicos; II) desregulamentação da força de trabalho; III) privatizações; IV) abertura econômica; V) desregulamentação financeira.[254]

Assim como o fordismo buscava agregar um conjunto de valores a novas formas de trabalho, o neoliberalismo também é acompanhado pela criação de um horizonte ideológico capaz de criar um mínimo de coesão social entre os indivíduos. A hipertrofia da individualidade em detrimento do coletivo é sintetizada pela frase de Margareth Thatcher, segundo a qual "não existe essa coisa de sociedade. O que existe são indivíduos e família". O discurso do empreendedorismo é potencializado juntamente com a multiplicação de serviços por aplicativos. A precarização também alcança empregos ocupados tipicamente por trabalhadores da classe média mediante, entre outros fatores, a pejotização

---
[251] GRAMSCI, 2008.
[252] VALLE, 2018.
[253] CHESNAIS, 1995.
[254] BOITO JR., 1999.

de profissões como advogados, professores universitários, engenheiros, médicos, entre outros.

O discurso segundo o qual os direitos trabalhistas devem ser flexibilizados em nome da modernização das relações laborais ganha força e é paulatinamente consolidado mediante reformas legislativas, como a Lei nº 13.467/2017. Os direitos trabalhistas são flexibilizados em nome da ideologia do empreendedorismo, e os próprios empregados perdem o nome de "trabalhadores" para serem chamados de "colaboradores" ou "parceiros". O empreendedor de si mesmo é aquele que, embora produza lucro para um terceiro, deve ser responsabilizado por todas as perdas e riscos da atividade que desenvolve. A responsabilização se limita às perdas, pois parte do valor produzido pelo empregado é apropriado pelo empregador, bastando observar as altas taxas cobradas por plataformas como Uber e 99. Segundo o horizonte do empreendedorismo, receber uma remuneração adequada, que permita uma vida digna, não tem relação com a garantia de boas condições de trabalho, políticas estatais que enfrentem o desemprego estrutural, limitação da jornada de trabalho, mas tão somente com o esforço individual de cada trabalhador.

Essas breves observações sobre a crise do regime de acumulação fordista e a ascensão do regime neoliberal são importantes para demarcar que as alterações no mundo do trabalho não ocorreram de forma autônoma e isolada, mas são fruto das mudanças no regime de acumulação e da ascensão de uma nova fase do capitalismo, conhecida como neoliberalismo. Uma das faces do neoliberalismo que fica mais evidenciada neste capítulo é justamente a desregulamentação da força de trabalho e a redução dos direitos sociais.

5.2 Fordismo e taylorismo: esteira de produção e controle rígido entre tempo e movimento

De acordo com Ricardo Antunes, o século XX teve um caráter predominantemente fordista e taylorista. Ambas as formas de organização buscavam controlar o processo de trabalho com o anseio de ampliar a produção, e embora Ford tenha adotado princípios de Taylor no próprio fordismo, podemos apontar que há especificidades em cada tipo de organização laboral.

O fordismo tinha como premissa uma separação rígida entre elaboração e execução e buscava a consolidação de uma produção em massa e em série. Para tanto, estabeleceu no interior das fábricas mecanismos como a linha de montagem,[255] mais especificamente, a inserção de uma esteira rolante, que possibilitava que o trabalho chegasse ao trabalhador em uma posição fixa. Com a estipulação de um movimento fixo, que abarcava uma pequena parcela do processo produtivo, era possível maximizar a quantidade de mercadorias produzidas em um menor período de tempo.

Dessa maneira, havia uma fragmentação das funções do trabalhador, de modo a instituir a realização de movimentos mecânicos no processo de produção.[256] Em outras palavras, os veículos eram produzidos mediante diferentes etapas, de modo que cada trabalhador era responsável por apenas uma etapa do processo de produção. Também havia uma maior homogeneidade nas mercadorias produzidas, gerando uma menor possibilidade de escolha dos consumidores em relação aos produtos disponíveis para consumo, fator ilustrado pela produção em massa do veículo Ford modelo T.

Havia uma rígida separação entre trabalho intelectual e trabalho manual nesse modo de organização laboral, pois como os trabalhadores deviam realizar movimentos mecânicos e fragmentados, não havia a necessidade de uma maior abstração para que visualizassem a completude do processo produtivo. Essa organização tornava desnecessária a contratação de trabalhadores qualificados, o que permitia uma grande rotatividade entre os empregados da Ford, considerando que quanto menos qualificado for o trabalho desenvolvido, maior é a possibilidade de substituição da força de trabalho. O seu inverso é verdadeiro, ou seja, quanto mais qualificada a força de trabalho, mais difícil se torna a sua substituição.

O aumento de salários realizado por Ford tinha uma intima relação com o sistema produtivo, pois o aumento da produção só é eficiente se houver consumidores financeiramente habilitados para suprir a expansão produtiva. Dito de outro modo, mais produtos demandam mais consumidores.

O taylorismo, por sua vez, buscava uma eficiência na produção a partir do estabelecimento de uma fórmula que conjugasse tempo e movimento. Dessa maneira, Taylor procurava controlar – a partir da

---

[255] ANTUNES, 2008.
[256] ANTUNES, 2008.

gerência científica – tanto os movimentos dos trabalhadores quanto o tempo utilizado para a execução de cada movimento.[257]

Esse modo de organização laboral tem como premissa um intenso controle do processo de trabalho, a partir da capacidade de pré-planejar e pré-calcular todos os elementos que constituem o processo produtivo. Esse controle envolve, também, a expropriação do saber do trabalhador em favor da gerência. Isso porque a expropriação do saber amplia o controle sobre o processo de trabalho e diminui o poder de barganha dos trabalhadores.[258] O trabalhador não precisará ter a capacidade de concepção ou planejamento do trabalho, mas tão somente deverá executar determinados movimentos em um tempo determinado.

Sobre a separação rígida entre elaboração e execução, Taylor afirmava que, na maioria dos casos, "um tipo de homem é necessário para planejar e outro tipo diferente para executar o trabalho".[259] Para os trabalhadores que apenas executam – e não planejam o trabalho – era necessário uma gerência, um controle rígido entre movimento e tempo – o tempo gasto para a execução de cada movimento no processo de trabalho. Essa gerência sobre o trabalho permitiria uma ampliação na eficiência da produção, bem como evitaria que os trabalhadores desperdiçassem tempo com atividades alheias à produção.

5.3 Toyotismo: diminuição do estoque e controle de qualidade

Com a crise econômica de 1970, ocorre uma reestruturação produtiva global, denominada por Antunes como a constituição da acumulação flexível, e, consequentemente, há uma reorganização do trabalho, estabelecendo outros parâmetros para o setor produtivo. Esses parâmetros são estabelecidos em sua maioria pelo toyotismo.[260] O modelo referido diferencia-se da produção de massa e em série do fordismo/taylorismo, pois o toyotismo estabelece uma produção vinculada à demanda, possuindo uma quantidade reduzida de estoque.

De acordo com Antunes, no toyotismo há uma maior dependência do trabalho em equipe, com uma multiplicidade de funções,

---

[257] ANTUNES, 2008, p. 25.
[258] RIBEIRO, A., 2015.
[259] TAYLOR, 1987, p. 37.
[260] ANTUNES, 2018.

rompendo com o caráter fragmentário e parcelar encontrado no fordismo. Há também uma estruturação em um "processo produtivo flexível, que possibilita ao trabalhador operar simultaneamente várias máquinas, diferentemente da relação homem-máquina na qual se baseava o taylorismo/fordismo".[261] Outra criação desse modelo foi os círculos de controle de qualidade, buscando melhorar a produtividade das empresas e possibilitando a apropriação do saber fazer intelectual e cognitivo. Interessante notar que o fordismo, ao vincular os trabalhadores a pontos específicos do setor de produção, desconsiderava esse saber fazer intelectual da força de trabalho. Outra diferenciação do toyotismo para o fordismo também é essencial para melhor compreensão da questão discutida:

> As empresas do complexo produtivo toyotista têm uma estrutura horizontalizada, ao contrário da verticalidade fordista. Enquanto na fábrica fordista aproximadamente 75% da produção era realizada no seu interior, a fábrica toyotista é responsável por apenas 25%, e a terceirização/subcontratação passa a ser central na estratégia patronal. Essa horizontalização se estende às subcontratadas, às firmas "terceirizadas", acarretando a expansão dos métodos e procedimentos para toda a rede de subcontratação. Tal tendência vem se intensificando ainda mais nos dias atuais, quando a empresa flexível defende e implementa a terceirização não só das atividades-meio, como também das atividades-fim.[262]

O trecho destacado demonstra como a terceirização se torna uma estratégia central no modo de produção toyotista, pois se apenas 25% da produção será realizada no interior dessas fábricas, será necessária a contratação de outras fábricas ou empregados que possam produzir os objetos complementares e adicionais à mercadoria. O Direito desempenha um papel importante ao legitimar e possibilitar, juridicamente, a contratação de diferentes formas de trabalho, ainda que tais formas sejam mais prejudiciais aos trabalhadores. Assim, essas novas formas são legitimadas por diferentes contratos de trabalho, como contratos intermitentes, contrato de zero hora, contratos de terceirização, entre outros.

Essa discussão se torna pertinente ao observarmos que os trabalhadores qualificados pela educação profissional, ao iniciarem um

---

[261] ANTUNES, 2018, p. 155
[262] ANTUNES, 2018.

emprego, sempre terão um contrato de trabalho como mediador dessa relação, que estabelecerá as especificidades da atividade desenvolvida. A permissão da terceirização sem maiores restrições, possibilitando inclusive a terceirização de atividades-fim, pode ser uma forma de legitimação jurídica de uma condição mais precária de trabalho.

Segundo Antunes, há uma íntima ligação entre terceirização e precarização. A afirmação é corroborada por alguns dados que o autor apresenta. Há uma diferença em relação ao pagamento, considerando que os salários dos terceirizados costumam ser menores que os salários dos efetivos. Na indústria petroquímica, os terceirizados ganham 52% dos salários dos efetivos. No setor bancário, os salários dos trabalhadores terceirizados – vinculados ao *telemarketing* – representam 44% dos salários dos bancários. Na indústria petrolífera, os trabalhadores terceirizados ganham 46% do salário dos empregados contratados diretamente.[263]

Além disso, os terceirizados possuem mais horas de trabalhos, recebem um valor menor de horas extras, recebem menos auxílios e benefícios e, principalmente, estão expostos a mais riscos, considerando que são os que possuem mais acidentes de trabalho.[264]

O Toyotismo também possui como características: a) produção diretamente vinculada à demanda; b) valorização do trabalho em equipe e da multivariedade de funções, enfraquecendo o caráter parcelar do fordismo; c) efetivação da produção no menor tempo possível; d) criação de círculos de controle de qualidade (CCQ), permitindo a apropriação do saber fazer dos trabalhadores.[265]

5.4 A organização do trabalho no Brasil contemporâneo: um breve retrato

No Brasil, há uma simbiose dessas formas de organização do trabalho, com elementos herdados do fordismo, padrões produtivos inspirados no toyotismo (círculo de controle de qualidade) e outras formas de controle do trabalho, padronização de atividades e redução do tempo das operações. A inserção e a intensificação de sistema de

---

[263] ANTUNES, 2018.
[264] ANTUNES, 2018.
[265] ANTUNES, 2018.

metas e resultados também está presente em alguns setores, como na metalúrgica.

A presença de características taylorista e fordista pode ser evidenciada claramente em determinados setores, como na agroindústria. Os resultados da pesquisa realizada em uma das maiores produtoras do mundo de carne de frango, em Toledo-PR, com 6.5000 funcionários, são eloquentes. Há uma esteira que conduz, entre os empregados, o produto a ser desossado. Assim, "o ritmo do trabalho é variável, mas a média de movimentos realizados para se desossar uma perna de frango (coxa mais sobrecoxa) é de 18 movimentos em 15 segundos".[266] O ambiente permanece em uma temperatura entre 10 e 12 graus, possuindo uma umidade e um barulho intensos, "assim como o cheiro forte peculiar nesse tipo de atividade".

O depoimento de trabalhadores e trabalhadoras ilustra a intensidade que é imposta no ambiente de produção:

> No começo eram 25 segundos [o tempo exigido], agora são 20 segundos (...). A [velocidade da] esteira aumentou, o mínimo é 19 segundos, mas a gente ainda não consegue (...). (M. S., 27 anos, há 9 meses na empresa).[267]

Pela descrição realizada, é possível visualizar tanto a característica fordista, na inserção de uma esteira na produção, quanto traços tayloristas, em virtude do controle dos movimentos dos trabalhadores e do tempo utilizado para a execução de cada movimento. Os planos de metas e os círculos de controle de qualidade são de inspiração toyotista. Alguns desses elementos também estão presentes no setor metalúrgico e no setor de serviços.

No setor de serviços, identificam-se traços do taylorismo e do toyotismo nas empresas de *call center*. Em pesquisa realizada na matriz da empresa Atento, de *telemarketing*, em Campinas, algumas características ficam evidentes. Para se ter uma ideia do crescimento desse setor, em 1999 a empresa contava com 1.000 funcionários, número que subiu para 29.434 em 2003 e chegou a 84.131 em 2013, sendo que mais de 70% são compostos por mulheres, perfil predominante no *telemarketing*.

O controle de trabalho é feito por uma supervisora, que exige "um aumento de produtividade por meio do controle do tempo

---

[266] ANTUNES, 2018.
[267] ANTUNES, 2008.

médio operacional (TMO) ou tempo médio de atendimento (TMA) das teleoperadoras". Há um tempo médio de 29 segundos para passar as informações, denominado de tempo médio operacional (TMO), como forma de maximizar a quantidade de atendimento realizados por cada trabalhador(a). Algumas empresas de *call center* chegam a padronizar o diálogo realizado, bem como a entonação da voz utilizada pelas operadoras.[268]

Como parece intuitivo, as alterações que permeiam o mundo do trabalho demandam, também, alterações na força do trabalho que atuará nesse ambiente. A inserção da robótica e da automação na indústria demanda uma força de trabalho mais qualificada, pois muitas vezes os trabalhadores não transformarão diretamente matérias primas em mercadorias, mas sim, supervisionarão as máquinas e robôs que produzem tais produtos, realizando os ajustes e reparos necessários em tais máquinas computadorizadas.[269]

A inserção de novas tecnologias na indústria manufatureira, como se vê, demanda uma força de trabalho qualificada para manusear essas tecnologias. Entretanto, conforme aponta Antunes, seria equivocado falar no desaparecimento da força de trabalho humano, considerando que as máquinas e os robôs não são assalariados e muito menos consumidores, de tal modo que estariam impossibilitados de absorverem as mercadorias produzidas pela própria indústria ou pagarem pela prestação de serviços.[270] Não há estabilidade em um sistema que aumente a produção e diminua a capacidade de consumo. Entretanto, ao mesmo tempo que há uma demanda de força de trabalho mais qualificada – que seja capaz de manusear as novas tecnologias –, também há uma tendência de precarização do trabalho.

Outros postos de trabalhos também surgiram e expandiram-se, de modo que a figura do operário que realiza um trabalho meramente manual já não dá conta da complexidade dos diferentes cargos e funções exercidos dentro de uma indústria.[271] Assim, surgiram postos que demandam uma maior qualificação, como a "figura do operador vigilante, do técnico de manutenção, do programador, do controlador

---

[268] ANTUNES, 2018, p. 148
[269] ANTUNES, 2008.
[270] ANTUNES, 2008.
[271] ANTUNES, 2008.

de qualidade, do técnico da divisão de pesquisa, do engenheiro encarregado da gestão da produção".

A despeito do surgimento de novos postos de trabalho, demandando um perfil de trabalhador dinâmico e capaz de operar com diferentes tecnologias, é necessário afirmar a permanência de empregos com fortes traços tayloristas e fordistas em setores como a agroindústria e *call center*. O surgimento do toyotismo, entretanto, não deixou de reproduzir condições de exploração e precarização de trabalho.

5.5 Alterações no mundo do trabalho: a expansão do setor de serviços

Nas últimas décadas ocorreram algumas importantes transformações no mundo do trabalho, com uma diminuição do número de trabalhadores industriais e um aumento considerável no setor de serviços. Essa mudança pode ser visualizada de forma evidente no nosso cotidiano. Em uma breve caminhada pelo centro das capitais brasileiras, durante a semana, podemos observar muitas pessoas de bicicleta, moto ou patinete carregando nas costas uma bolsa verde, laranja ou vermelha. São empregados "autônomos" dos aplicativos Ifood, Rappi e Uber Eats se deslocando para entregarem refeições. Essas refeições, por sua vez, são preparadas em restaurantes, os quais possuem cozinheiros, chapeiros, garçons, enfim, os mais variados prestadores de serviços. Se observarmos o trânsito, há uma grande quantidade de carros dirigidos por motoristas de Uber, 99, Cabify, transportando passageiros por diferentes regiões da cidade.

Para além da nossa observação casual, Ricardo Antunes aponta – com base em dados empíricos – que, nas últimas décadas, houve uma diminuição dos trabalhadores da indústria manufatureira e, de outro lado, uma grande expansão do setor de serviços, que inclui "tanto a indústria de serviços quanto o pequeno e grande comércio, as finanças, os seguros, o setor de bens imóveis, a hotelaria, os restaurantes, os serviços pessoais, de negócios, de divertimento, da saúde (...)".[272] Mais atualmente, sublinha-se a criação de vários aplicativos que prestam os mais variados serviços a partir da contratação de trabalhadores denominados autônomos.

---

[272] ANUNZIATO citado por ANTUNES, 2008, p. 51

Embora essa expansão do setor terciário ocorra primeiramente nos países de economia central, a partir da década de 1950 é possível observar um aumento desse setor no Brasil. Se em 1950 o setor terciário era responsável por 49,8% do PIB, esse número sobe para 56,7% em 1983.[273] No mesmo sentido, em 1950 o setor terciário era responsável por 26,4% dos empregos no país, porcentagem que, em 1990, subiu para 54,5%.[274] Em 2019, o setor terciário é responsável por 70% dos empregos no Brasil.

Segundo aponta Ricardo Antunes:

> Entre 1980 e 2008, o setor de serviços "cresceu o seu peso relativo em 30,6%, respondendo atualmente por dois terços de toda a produção nacional, enquanto os setores primário e secundário perderam 44,9% e 27,7%, respectivamente, de suas participações relativas no PIB.[275]

Aqui podemos observar que essa transformação no perfil do mercado de trabalho no Brasil – diminuição da indústria manufatureira e aumento do setor de serviços – reflete diretamente no tipo de cursos que serão oferecidos, pela EPT, para a qualificação da força de trabalho no país. Ou seja, não será efetivo um aumento dos cursos de especialização em manufatura se a realidade de empregos está concentrada no setor terciário.

Essa expansão do setor de serviços, marcada pelo crescimento de empresas de *call center* e *telemarketing*, reconfigurou a classe trabalhadora no Brasil, denominada como infoproletariado ou cibertariado.[276] A ascensão de aplicativos que afirmam servir como mediadores entre trabalhador e demanda – tais como Uber, Rappi, Ifood – também constitui uma presença relevante na reorganização do trabalho.

Para melhor compreensão desse quadro, faremos algumas considerações sobre o novo tipo de trabalho que emerge com a ascensão desses aplicativos. Há um aumento da noção de "empreendedores", uma espécie de "proletários de si mesmos" que fazem parte de um trabalho desregulamentado, arcando com todos os riscos que envolvem

---

[273] IBGE, 1990.
[274] IBGE, 1990.
[275] ANTUNES, 2018.
[276] ANTUNES, 2018.

sua atividade, bem como com os custos de seguridade.[277] Nas palavras de Antunes:

> A Uber é outro exemplo mais do que emblemático: trabalhadores e trabalhadoras com seus automóveis, isto é, com seus instrumentos de trabalho, arcam com suas despesas de seguridade, com os gastos de manutenção dos veículos, de alimentação, limpeza etc., enquanto o "aplicativo" – na verdade, uma empresa privada global de assalariamento disfarçado sob a forma de trabalho desregulamentado – apropria-se do mais valor gerado pelo serviço dos motoristas, sem preocupações com deveres trabalhistas historicamente conquistados pela classe trabalhadora.

Essa tendência surge, paralelamente, ao que se denomina de subproletarização do trabalho, ou seja, "formas de trabalho precário, parcial, temporário, subcontratado, terceirizado, vinculados à economia informal".[278] Essa crescente desregulamentação das condições de trabalho e o enfraquecimento dos sindicatos acabam criando uma relação laboral cada vez mais individualizada, em que o empregado já não tem necessariamente uma relação contratual de trabalho, mas é um "empreendedor" de seu próprio negócio, sendo que as plataformas e os aplicativos, em tese, apenas facilitam que esses empreendedores encontrem suas demandas. A reforma trabalhista (Lei nº 13.467/2017) foi essencial para a difusão desses empregos, criando novos tipos de contratos de trabalho que legitimam juridicamente essas relações laborais.

No contexto atual, em que o Brasil possui quase 13% de desemprego, esses aplicativos acabam absorvendo parte considerável da força de trabalho não empregada, fato que amplia o trabalho desregulamentado. Altos índices de desemprego também criam uma pressão para que os indivíduos aceitem trabalhos em condições mais precárias e aumentam o poder de barganha dos empregadores. Se a força de trabalho pode ser barateada, há uma diminuição dos gastos do empregador e, consequentemente, um aumento da taxa de lucro.

Se pensarmos em um dos objetivos da EPT, que diz respeito à qualificação, podemos colocar as seguintes questões: qual será a efetividade da educação profissional se os indivíduos qualificados encontrarem, à sua disposição, trabalhos precários e desregulamentados? Dito

---

[277] ANTUNES, 2018.
[278] ANTUNES, 2008.

de outro modo, um contexto de altos índices de desemprego colocará trabalhadores qualificados em postos de trabalho que exigem pouca ou nenhuma qualificação? As políticas públicas de EPT são capazes, por si só, de criarem novos postos de trabalho? Essas questões serão discutidas, mais detalhadamente, no próximo tópico.

5.6 Educação profissional e um novo perfil de trabalhador?

É necessário superarmos uma visão dicotômica da educação para reconhecermos que o trabalho manual também possui uma inteligência intrínseca, indispensável para a sua realização. Para Cordão, a substituição da base eletromecânica pela base microeletrônica no mundo do trabalho engendra a demanda de um perfil de trabalhador diferenciado, capaz de responder aos problemas que possam surgir e com dinamicidade para operar as novas tecnologias. Esse novo ambiente do trabalho exigiria dos trabalhadores o "desenvolvimento de novos saberes, os quais se fazem necessários para oferecer respostas mais originais e criativas a desafios cada vez mais complexos, que incluem o desenvolvimento de múltiplas competências profissionais".[279] Citando a Organização Internacional do Trabalho (OIT), Cordão afirma que a educação profissional não deve mais se limitar a educar os indivíduos para a ocupação de posto específicos de trabalho, mas, em outro sentido, preparar os trabalhadores para a formação ao longo da vida. Assim, seria necessário que os educandos desenvolvessem a capacidade de aprender a aprender.[280]

Tentando estabelecer um diálogo entre Cordão e Antunes, é possível encontrar alguma sintonia em ambas as pesquisas, se considerarmos a demanda por um novo perfil de trabalhador, que seja capaz de operar as novas tecnologias que foram inseridas no ambiente da produção. Como observamos anteriormente, com frequência os trabalhadores não transformam diretamente as matérias-primas em mercadoria, mas supervisionam e controlam os robôs e máquinas que efetuarão tais transformações.

Alguns autores indicam que a inserção de novas tecnologias e a adoção de sistemas de produção flexível criaram diferenças no perfil

---

[279] CORDÃO, 2017, p. 128.
[280] CORDÃO, 2017.

de trabalhador demandado, de modo que o termo *qualificação* seria substituído pela noção de *competências*. Esse termo abrangeria

> posse de escolaridade básica, de capacidade de adaptação a novas situações, de compreensão global de um conjunto de tarefas e das funções conexas, o que demanda capacidade de abstração e de seleção, trato e interpretação de informações. Como os equipamentos são frágeis e caros e como se advoga a chamada administração participativa, são requeridas também a atenção e a responsabilidade. Haveria, também, um certo estímulo à atitude de abertura para novas aprendizagens e criatividade para o enfrentamento de imprevistos.[281]

Além dos embates teóricos sobre a discussão, alguns dados podem situar os diferentes tipos de empregos existentes no Brasil atualmente. A pesquisa empírica realizada e citada por Antunes indica que ainda há um relevante número de trabalhadores e trabalhadoras que desempenham funções quase mecânicas, como os empregados de *call center* e *telemarketing*, bem como as características tayloristas e fordistas ainda presentes na agroindústria. Como indica Francisco Cordão, embora a EPT possua diversas funções e uma grande potencialidade, a criação de novas vagas na educação profissional não é capaz, por si só, de gerar mais empregos para o país, de modo que a EPT é apenas parte da solução, inserida em uma totalidade mais abrangente. Essa afirmação está em sintonia com a conclusão da Nota Técnica Nº 199 do Dieese sobre educação profissional e mercado de trabalho:

> (...) se por um lado a Educação Profissionalizante é importante para a provisão de oferta de mão de obra qualificada – e, associada a políticas públicas, é de grande importância para a melhoria das condições de vida da população -, por outro, não se constitui, isoladamente, como solução para os problemas da falta de vagas de emprego e da baixa qualidade dos postos de trabalho.[282]

A pesquisa do Dieese também aponta que mais da metade dos trabalhadores qualificados ocupam postos de trabalhos que não correspondem com sua qualificação profissional.

Em um contexto de desemprego estrutural, em que parte da força de trabalho inativa é absorvida pelo trabalho informal, incluindo os

---

[281] MACHADO, 1996 citado por MANFREDI, 1999.
[282] DIEESE, 2018.

aplicativos de prestação de serviço, podemos observar que a educação profissional está inserida em um todo social, de modo que qualificar indivíduos profissionalmente não significa, por si só, que haverá empregos disponíveis (e de qualidade) para esses indivíduos. Essa afirmação não diminui a importância da EPT para a sociedade – considerando o potencial dessa modalidade –, mas apenas demonstra a necessidade de políticas públicas intersetoriais, que vincule a qualificação dos indivíduos à geração de novos postos de emprego.

Isso porque, conforme apontado na pesquisa do Dieese, que analisa educação profissional e mercado de trabalho:

> A situação particular de emprego de cada trabalhador, portanto, não depende exclusivamente de suas ações e de seu percurso individual, mas das circunstâncias e das oportunidades que lhe são proporcionadas pela sociedade em que vive e que decorrem, evidentemente, das diretrizes político econômicas adotadas ao longo da história.[283]

Assim, como já afirmado anteriormente, embora a expansão da educação profissional seja essencial para o aprimoramento dos postos de trabalho e das técnicas e tecnologias laborais, a ampliação de matrículas em EPT, por si só, não é capaz de gerar novos postos de trabalho.

A expansão do setor de serviços e o encolhimento da indústria e da manufatura no Brasil também é um fator determinante para se pensar nas habilidades que serão desenvolvidas pela EPT. Se há um anseio de sintonizar mundo de trabalho e qualificação profissional, deve-se ter em mente a reestruturação produtiva e a predominância do setor de serviços, que é responsável, atualmente, por 70% dos empregos no país. Os dados trazidos pela pesquisa do Dieese de que parte relevante das ocupações no setor de serviços – como balconista, vendedora, escriturário – não exige uma qualificação profissional também é relevante para a reflexão de EPT e empregabilidade.

A pesquisa do Dieese aponta, ainda, que os indivíduos que possuem qualificação e conseguiram um emprego costumam aumentar a sua renda em até 20%, comparado aos indivíduos que não tiveram nenhuma formação profissional.[284] A questão da rotatividade também deve ser levada em conta para esse debate.

---

[283] DIEESE, 2018.
[284] DIEESE, 2018.

Como se sabe, as funções que não exigem nenhuma qualificação possuem alta rotatividade e baixa estabilidade aos trabalhadores, dada a facilidade de encontrar outros indivíduos para ocupar esse cargo, já que essas atividades não demandarão nenhuma qualificação específica. Entretanto, os cargos que demandam maior qualificação profissional garantem alguma estabilidade e menor rotatividade, ainda que relativa, considerando a maior dificuldade em encontrar indivíduos qualificados com as habilidades necessárias demandadas por tais funções laborais.

5.7 Trabalho intelectual e trabalho manual

A nossa realidade está permeada por diversos objetos que só existem em virtude do trabalho despendido por alguém, em dado momento, cristalizando o trabalho humano em nossos objetos de usufruto diário. A mesa que apoiamos, a cadeira em que sentamos, o computador que utilizamos, o livro que abrimos, o edifício que adentramos, as nossas vestimentas, enfim, do momento em que nascemos até o momento que morremos, fazemos uso cotidianamente de diversos trabalhos humanos. Esses trabalhos, por sua vez, envolvem a harmonia entre diferentes conhecimentos, sendo fruto tanto de trabalho manual quanto de trabalho intelectual.

Um celular, objeto tão utilizado nos dias atuais, é construído com a conjugação entre trabalho manual e trabalho intelectual. E, embora ambos os trabalhos sejam necessários para nossos objetos de usufruto diário, apenas um desses é valorizado, enquanto outro é, não raramente, renegado. Na sociedade ocidental, o trabalho intelectual é valorizado em detrimento do trabalho manual, seja pela mobilidade social que eles geram, seja pela diferença salarial existente entre esses. No Brasil, essa dicotomia é ainda mais intensificada, considerando o nosso processo histórico e os quase quatro séculos que possuímos de trabalho escravo no país. A cultura bacharelesca que predominou na formação da República, e que ainda possui traços evidentes, também auxilia na desvalorização de toda produção que reflita traços manuais.

Dessa forma, o anseio por um diploma de ensino superior é retroalimentado culturalmente, ainda que a obtenção desse diploma não tenha como resultado a inserção profissional do sujeito no mundo do trabalho. O fetichismo do diploma evidencia-se, muitas vezes, pelo *status* de um curso de ensino superior, mesmo que os conhecimentos apreendidos nesse curso superior nunca sejam utilizados pelos indivíduos. Assim, nas classes médias e altas, possuir um diploma é quase um requisito de pertencimento de classe, não sendo raro encontrar sujeitos que terminam uma graduação mas acabam trabalhando em áreas alheias.

A separação entre trabalho manual e trabalho intelectual aparece mais como fruto da divisão social do trabalho do que como uma real diferenciação entre o ato de pensar e o ato de fazer, considerando que "todo trabalho humano envolve tanto a mente quanto o corpo. O trabalho manual envolve percepção e pensamento".[285] Em sentido similar, até o trabalho mais aparentemente manual envolve alguma forma de organização conceitual. Da mesma forma, nenhum trabalho dito intelectual deixa de envolver algum ato corporal. O indivíduo que trabalhava apenas escrevendo, por exemplo, era capaz de aprimorar sua técnica manual com cursos de datilografia.

Desse modo, a separação entre trabalho manual e trabalho intelectual, entre concepção e execução – conforme já dito –, é mais um resultado da divisão social do trabalho, intensificada no modo de produção capitalista, do que uma separação entre funções mentais e físicas do organismo humano.[286] Isso porque, embora o trabalho possua uma dimensão ontológica, ele não é um elemento que paira no ar, abstratamente, indiferente às formas de organização social, mas, de outro modo, é um elemento historicamente determinado, possuindo várias peculiaridades de acordo com o tipo de organização social em que está inserido.

Compartimentar atividades laborais dentro do processo produtivo, nos modelos tayloristas e fordistas, era uma forma de maximizar a produção, seja pelo controle do movimento do trabalhador atrelado a um período temporal (controle entre tempo e movimento) seja pela inserção da esteira. Dessa maneira, segundo o próprio Taylor, "um tipo de homem é necessário para planejar e outro tipo diferente para executar o trabalho".[287] A permanência de traços tayloristas, ainda hoje, na agroindústria e em *call centers*, mantém uma intensificada divisão entre trabalho manual e trabalho intelectual.

Embora a separação rígida entre trabalho manual e trabalho intelectual seja amenizada com o advento do toyotismo, dadas a dependência do trabalho em equipe e a necessidade de o trabalhador desempenhar

---

[285] MANFREDI, 1999.
[286] MANFREDI, 1999.
[287] TAYLOR, 1987, p. 37.

uma multiplicidade de funções, o aumento da terceirização mantém a separação entre concepção e execução em outros setores vinculados às fábricas toyotistas.

Dadas as reflexões realizadas neste tópico e após uma análise descritiva das problemáticas que permeiam a EPT, podem-se realizar alguns apontamentos prescritivos sobre o tema. Assim, afirma-se a necessidade de uma educação profissional que também conceda um mínimo de conhecimento desinteressado, que não será utilizado diretamente no cargo eventualmente ocupado pelo indivíduo, mas integrará a formação cidadã desses sujeitos. Em outras palavras, uma conjugação entre a formação técnica e formação geral, vinculando qualificação profissional com conhecimentos propedêuticos, em virtude de o parâmetro constitucional da educação cumprir três funções: desenvolvimento humano, formação cidadã e qualificação para o trabalho.

5.8 O trabalho como princípio educativo

A educação profissional pode ser encontrada no art. 227 da Constituição, situada e vinculada a dois direitos fundamentais, quais sejam, educação e trabalho. Essa vinculação, apontada diversas vezes durante o texto, leva-nos a fazer algumas considerações sobre qual tipo de trabalho temos em mente ao realizar tais conexões. Nesse sentido, o conceito de trabalho como princípio educativo pode ser útil para a discussão, sendo que a sua importância normativa fica ainda mais evidente ao destacarmos que o Decreto nº 5.154/04 estabelece, como premissa da educação profissional, a "centralidade do trabalho como princípio educativo" (art. 2º, inciso III). De modo similar, o Programa Nacional de Qualificação (PNQ) –[288] que fixa objetivos e diretrizes para a qualificação profissional e social do trabalhador – prevê, entre seus princípios, o trabalho como princípio educativo (2.1, VI).

Esse conceito compreende a noção de que o trabalho é um meio pelo qual o ser humano transforma a natureza e se transforma, podendo, por ele, humanizar-se. Nesse sentido, o trabalho garante ao ser humano a capacidade de produzir e reproduzir sua existência, tanto nos aspectos materiais como culturais. Nas palavras de Marx, o trabalho "é a condição indispensável da existência do homem, uma necessidade eterna, o

---

[288] O PNQ foi aprovado pela Resolução nº 696/2012.

mediador da circulação material entre o homem e a natureza". Dessa forma, evidencia-se que é por meio dele que o ser humano é capaz não apenas de se adaptar à natureza, mas de transformá-la, segundo suas necessidades.[289] Interessante observar que o conceito de trabalho presente nas Diretrizes Curriculares Nacionais para o Ensino Médio (art. 5º, §1º) se harmoniza intensamente com o conceito destacado.[290]

Uma das grandes diferenças entre o ser humano e os demais animais é que ele é a única espécie que consegue planejar previamente o trabalho antes de realizá-lo, estabelecendo uma finalidade para sua atividade antes do início de sua execução. No célebre trecho de Marx sobre essa questão:

> (...) o que distingue o pior arquiteto da melhor abelha é que ele figura na mente sua construção antes de transformá-la em realidade. No fim do processo do trabalho aparece um resultado que já existia antes idealmente na imaginação do trabalhador. Ele não transforma apenas o material sobre o qual opera; ele imprime ao material o projeto que tinha conscientemente em mira, o qual constitui a lei determinante de seu modo de operar e ao qual tem de subordinar sua vontade.[291]

O trabalho está tão presente na existência humana que até objetos que por vezes consideramos naturais, como matérias-primas, são frutos de um trabalho anterior. Nesse sentido, a semente utilizada na agricultura, o peixe usado como alimento, o carvão extraído das minas, todos guardam em si o filtro de um trabalho anterior.[292] O mesmo pode ser dito em relação aos instrumentos de trabalho, que em sua maioria evidenciam o traço de um trabalho antecedente.

Entretanto, não se pode ignorar o desprezo existente na cultura ocidental em relação ao trabalho, fato que remonta ao mito do paraíso perdido, em que o castigo imposto ao ser humano pela degustação do fruto proibido é justamente o trabalho. A própria etimologia da palavra trabalho, do latim *tripalium*,[293] referindo-se a um antigo instrumento de tortura, evidencia essa ideia.

---

[289] SAVIANI, 1994.
[290] "§1º O trabalho é conceituado na sua perspectiva ontológica de transformação da natureza, como realização inerente ao ser humano e como mediação no processo de produção da sua existência."
[291] MARX, 2017.
[292] MARX, 2017.
[293] MORAES, 2016.

Na sociedade brasileira, essa relação com o trabalho assume traços peculiares, em vista da nossa herança colonial e escravocrata, que deixou profundas marcas na formação do país. Os mais de três séculos de escravidão no Brasil instituíram um sistema em que toda a riqueza – produzida a partir do trabalho escravo –, além de abastecer o império, não era desfrutada pelos seus produtores, os escravos, de modo que esses sequer eram considerados seres humanos.[294] Nesse sentido, o próprio trabalho não era visualizado como uma atividade humana.

Entretanto, o significado do trabalho passou por transformações na modernidade, ganhando também uma conotação positiva. Isso pode ser evidenciado ao analisarmos, por exemplo, que John Locke destaca o trabalho como fonte de legitimação e produção da propriedade, Adam Smith que o defende como fonte de toda a riqueza e ainda Marx, que o aponta como fonte de toda a produtividade e expressão da humanidade do ser humano.[295]

5.8.1 O trabalho no modo de produção capitalista

Para uma melhor compreensão do conceito de trabalho, é necessário olhar para a atual forma que ele possui na sociedade contemporânea. Isso porque trabalho e educação não ocorrem de forma isolada e autônoma em relação à sociedade que fazem parte, mas são também fruto da estrutura social na qual estão inseridas. Esses reflexos não são unilaterais, mas há aqui uma perspectiva relacional e dialética que deve ser compreendida, pois, ao mesmo tempo que o trabalho é constituído pela estrutura social, ele também auxilia na constituição dessa estrutura.

Em outras palavras, da mesma forma que é ingênuo enxergar o trabalho ou a educação como autônomos em relação à estrutura social, também é demasiadamente mecanicista acreditar que o trabalho e a educação são apenas reflexos diretos da estrutura social, tendo em vista o papel que desempenham na sua formação. A relação entre trabalho, educação e estrutura social não é, portanto, mecanicista, mas sim dialética.

No decorrer da história humana o trabalho já passou por diversas formas de organização, como a produção comunal, o feudalismo, o trabalho servil, o sistema escravocrata e, atualmente, o capitalismo. Desse

---

[294] WOLLINGER, 2016.
[295] CIAVATTA, 2009.

modo, para que os conceitos abstratos abordados ganhem materialidade e possam dialogar com o plano concreto no qual se desenrolam os fatos da vida social, é necessário conferirmos um mínimo de materialidade à discussão. Essa materialidade se apresenta ao observarmos o conceito de trabalho não apenas em abstrato, mas guardando atenção à forma social da qual esse conceito se reveste atualmente. Para dar maior contorno às especificidades do trabalho, é válido destacar, também, as alterações ocorridas mediante as diferentes fases do capitalismo. Em outras palavras, o trabalho ganha materialidade ao ser relacionado com o modo de produção capitalista, mas também ao visualizarmos as diferenças na organização laboral de acordo com os diferentes regimes de acumulação do capitalismo.

No modo de produção capitalista, o trabalho se mantém e se reproduz em virtude da apropriação privada de um tempo de serviço dos trabalhadores, que vendem sua força de trabalho aos capitalistas, sendo estes os detentores dos meios de produção.[296] Embora a produção seja coletiva, a sua apropriação é privada. Uma parte do tempo de trabalho realizado é expropriada do próprio trabalhador, de forma que o indivíduo é alienado do fruto de sua produção. A expropriação, obviamente, não ocorre apenas em empregos vinculados ao setor produtivo, mas no setor de serviços e demais ramos. Não é apenas o trabalhador manual que tem o valor produzido expropriado, mas também o trabalhador intelectual, ainda que produza um trabalho imaterial.

No capitalismo, o trabalho é determinado pela propriedade privada e pela divisão social do trabalho. Assim, a execução do trabalho é dividida em diferentes pessoas que cumprem distintas funções no processo produtivo, e o resultado gerado pela produção é usufruído e apropriado de maneira privada. Para Marx e Engels, "divisão do trabalho e propriedade privada são expressões idênticas: a primeira enuncia em relação à atividade aquilo que se enuncia na segunda em relação ao produto da atividade".[297]

Nesse modo de produção, as relações deixam de ser naturais para se tornarem predominantemente sociais, de modo que a nobreza ou a servidão que antes eram hereditárias, passavam de pai para filho, agora são resultados das relações sociais. Isso pode ser percebido no fato de que a sociedade deixa de se organizar com base no Direito Natural e

---

[296] CIAVATTA, 2009.
[297] MARX; ENGELS, 2007.

passa a adotar como alicerce de legitimação e organização das relações o Direito Positivo, ou seja, uma celebração contratual estabelecida entre os indivíduos da sociedade.[298] Daí os pensadores liberais adotarem o termo *contrato social*.

Essa ideia de contrato social é possível pela noção de liberdade dos indivíduos, que podem dispor de parte dessa liberdade para firmarem um acordo formal. Todavia, lembremos que a liberdade, na ideologia do liberalismo, está ligada ao fato de que cada um é livre para dispor de sua propriedade, de modo que liberdade e propriedade guardam íntima relação. Um dos grandes pensadores do liberalismo clássico, John Locke, colocava a propriedade como parte constituinte da liberdade.

Nessa sociedade, o trabalhador é proprietário de sua força de trabalho e a vende mediante um contrato celebrado com o empregador. A libertação na sociedade capitalista possui, assim, dois sentidos contraditórios: o trabalhador se torna livre porque desvinculado da terra, livre porque pode vender sua força de trabalho, mas também porque despojado de todos os seus meios de existência.[299]

O Direito desempenha um papel central nessa relação, pois categorias como autonomia da vontade, liberdade contratual e igualdade formal garantem um verniz de legitimidade para relações de exploração entre trabalhador e capitalista. Mesmo que o trabalhador tenha que se submeter a condições precárias de trabalho, recebendo um salário insuficiente para sustentar sua família de forma digna, segundo os termos jurídicos, ele apenas celebrou um contrato porque pôde dispor de sua vontade, tem liberdade para firmar relações jurídicas e está em condições de igualdade (formal) com seu empregador.[300] Ainda que exista um abismo referente às condições materiais dos sujeitos vinculados por uma relação jurídica, a noção de igualdade jurídica garante um verniz de legitimidade ao processo. Desse modo, a forma jurídica se torna essencial para a produção e reprodução das relações capitalistas.

O trabalho ganha diferentes contornos e especificidades não apenas de um modo de produção para outro, mas também nas diferentes fases e regimes de acumulação capitalista. O modelo fordista – descrito no tópico 5.2 – é uma forma de organização laboral e também um regime de acumulação, contendo diretrizes de regulação, um

---

[298] SAVIANI, 1994.
[299] SAVIANI, 1994.
[300] PACHUKANIS, 2017.

arcabouço institucional próprio e teorias econômicas que lhe garantam sustentação. Do ponto de vista das condições laborais, o fordismo era marcado por uma estabilidade das relações de trabalho, empregos com carteira assinada, controle entre tempo e movimento, aumento da massa salarial e uma projeção de futuro baseada em empregos e salários fixos.

O advento do neoliberalismo – também denominado por alguns de pós-fordismo – altera as condições de trabalho da maneira como conhecíamos. De acordo com Boito, o modelo neoliberal é marcado, entre outros pilares, pela redução dos direitos sociais e pela desregulamentação da força de trabalho.[301] Todavia, o neoliberalismo não é apenas um projeto econômico que objetiva a privatização, desregulamentação financeira e o desmonte dos direitos sociais, mas é, também, uma forma de moldar a subjetividade dos indivíduos, utilizando a lógica do mercado como processo de subjetivação.[302]

Partindo de um grau de abstração mais concreto e mirando especificamente o Brasil, é possível visualizar uma série de reformas legislativas e de decisões do Supremo Tribunal Federal que ampliaram e legitimaram a precarização do trabalho. Citemos apenas algumas: a) Reforma Trabalhista instituída pela Lei nº 13.467/2017; b) o negociado prevalecendo sobre o legislado, como se houvesse uma equivalência no poder de negociação entre empregados e empregadores (reforma trabalhista); c) a possibilidade de terceirização de atividades fins com a Lei nº 13.429/17; d) a restrição do direito à greve por meio do RE nº 693456, julgado pelo STF; e) o fim da contribuição sindical obrigatória com a aprovação da Reforma Trabalhista.

A inserção do universo digital e de novas tecnologias no mundo do trabalho não serviu para melhorar as condições de vida da maioria da população, para desobrigar os trabalhadores de jornadas extenuantes ou para evitar a realização de atividades repetitivas e alienantes. Ao contrário, o mundo do trabalho do século XXI é marcado pelo que Ricardo Antunes denomina como advento e expansão do "infoproletariado" ou "novo proletariado da era digital", "cujos trabalhos, mais ou menos intermitentes, mais ou menos constantes, ganharam novos impulsos com as tecnologias da informação, que conectam, pelos celulares, as mais distintas modalidades de trabalho".[303]

---

[301] BOITO JR., 1999.
[302] DARDOT; LAVAL, 2016.
[303] ANTUNES, 2018, p. 30.

Não se deve ignorar o caráter emancipador do trabalho, enquanto atividade vital que permitiu ao ser humano, ao longo da história, transformar o mundo natural em mundo social, criando e recriando sua realidade por meio do trabalho. A comparação da vida de homens e mulheres que trabalham com a daqueles que estão desempregados também evidencia que, apesar das contradições, há *coágulos de sociabilidade* no trabalho.[304]

Todavia, na estrutura capitalista o trabalho, ao invés de constituir o instrumento de humanização do ser humano, converte-se em meio de subsistência para a maioria da população. Isso porque a força de trabalho é apenas mais uma mercadoria necessária para a produção de outras mercadorias, de modo que o que deveria ser uma forma de realização humana dos indivíduos se restringe à única possibilidade de subsistência dos despossuídos.[305] Esse debate realça o caráter contraditório do trabalho. Segundo Ricardo Antunes: "é essa processualidade contraditória, presente no ato de trabalhar, que *emancipa* e *aliena, humaniza* e *sujeita, libera* e *escraviza*, que reconverte o estudo do trabalho humano em questão crucial do nosso mundo e da nossa vida".[306]

Mas ainda resta a pergunta: qual seria a relação entre educação e trabalho no conceito de princípio educativo? Segundo Nosella, o trabalho como princípio educativo surge apenas com a industrialização, a partir da compreensão de que era necessário o aprendizado de conhecimentos científicos, bem como a articulação de conhecimentos teóricos e práticos, apreendidos no âmbito escolar, para aumentar a efetividade da produção, justificaria a entrada dos trabalhadores na escola.[307]

José Rodrigues afirma que esse conceito guarda íntima relação com a noção de educação politécnica, ao defender a necessidade de vinculação do trabalho produtivo com a educação, ou, em outras palavras, de formação geral com formação profissional. Esses dois tipos de formação compreenderiam a educação intelectual, corporal e tecnológica. Assim, pretende-se articular a formação geral e profissional com a produção material, objetivando superar a dualidade entre trabalho manual e trabalho intelectual, propiciando a todos a compreensão integral do processo produtivo. Almeja-se, ainda, a formação integral

---

[304] ANTUNES, 2018.
[305] ANTUNES, 2008.
[306] ANTUNES, 2018, p. 26, grifos nossos.
[307] NOSELLA, 2011.

do ser humano, de forma a torná-lo capaz de produzir e fruir da ciência, arte e técnica. Por fim, a politecnia tem a meta de integrar a escola com a sociedade, visando à superação do estranhamento entre práticas educativas e práticas sociais.[308]

O entendimento do conceito de educação politécnica, embora possa parecer um ideal muito distante de ser atingido, tem forte conexão com nossa realidade social e com os debates realizados durante a formulação na LDB de 1996, de modo que o anteprojeto da LDB, apresentado pelo deputado Octávio Elísio, definia que "a educação escolar de 2º grau tem o objetivo propiciar aos adolescentes a formação politécnica necessária à compreensão teórica e prática dos fundamentos científicos das múltiplas técnicas utilizadas no processo produtivo".[309]

5.9 A educação e o trabalho como elementos constitutivos do ser humano: um diálogo entre Paulo Freire e Álvaro Vieira Pinto

A educação é um processo inerente à existência humana e vincula-se a uma das características essenciais dos indivíduos, que é o "inacabamento".[310] Os seres humanos não possuem seu destino orientado restritivamente pelas características biológicas e instintivas, tal como os demais animais. Assim, embora todos os seres vivos sejam inacabados, o ser humano é o único que tem consciência de seu inacabamento.

A capacidade dos indivíduos de transformar a natureza de acordo com suas necessidades – a partir do trabalho – e transmitir às gerações futuras os conhecimentos construídos durante os anos – por meio da educação – garante aos seres humanos uma condição de inacabamento, que o coloca em uma posição não apenas de ser humano, mas de "sendo humano", dada a sua constante transformação. É nesse sentido que Paulo Freire aponta que as raízes da educação se encontram, justamente, na consciência do inacabamento, tornando-a um processo exclusivamente humano.[311] O trabalho, que transforma a natureza externa ao indivíduo, também realiza mutações na natureza

---

[308] RODRIGUES, 2009.
[309] RODRIGUES, 2009, p. 22.
[310] FREIRE, 2015.
[311] FREIRE, 2015.

dos próprios indivíduos, considerando que é pelo trabalho que esses podem produzir sua existência.

Se os demais animais possuem seu destino determinado pelos genes, sendo programados biologicamente, o ser humano é o único animal que, a partir do pensamento abstrato e finalístico e do desenvolvimento da técnica, produz sua própria existência, modificando não apenas a si mesmo mas também o meio no qual interage. Assim, o ser humano, por meio da inteligência, se transforma em *homo faber*, ou seja, em um indivíduo capaz de produzir utensílios, tecnologias e máquinas que facilitem sua existência. Em outras palavras, o ser humano não seria apenas *homo sapiens*, mas também *homo faber*.[312] De acordo com Vieira Pinto:

> Ao constituir o ser humano, a natureza, se nos é lícito usar esta linguagem antropomórfica, transfere para ele a responsabilidade de procurar tecnicamente a solução das contradições experimentadas com o mundo material. Para tanto, dá-lhe a liberdade de inventar os meios de produzir sua própria existência. (...) Com o surgimento do ser consciente entregou-lhe a capacidade de se autoprogramar, não apenas na condição de animal que se constitui a si mesmo, mas ainda na de a gente que, obedecendo a um projeto originado do pensamento, modifica a própria natureza.[313]

É desse modo que o ser humano encontra no trabalho a solução para a contradição entre sua existência e a natureza, pois, ao contrário de todos os outros animais, que se adaptam à natureza, o ser humano pode adaptar a natureza às suas necessidades, transformando o mundo ao seu redor, como também alterando a si próprio.

Os conhecimentos produzidos historicamente pela humanidade são transmitidos às próximas gerações pela educação por meio de uma linguagem articulada.[314] A linguagem permite não só a inteligibilidade do mundo, como também a "comunicabilidade do inteligido".[315] Assim, a educação – enquanto possibilidade de apreensão do que já fora construído anteriormente – permite que as novas gerações não tenham que descobrir novamente tudo o que já fora descoberto pelas gerações passadas. É só imaginarmos que, se não tivéssemos a linguagem articulada

---

[312] HABITZREUTER, 2011.
[313] PINTO, 2008, p. 148.
[314] PINTO, 2008.
[315] FREIRE, 2015, p. 50.

para transmitir conhecimentos, toda geração nova teria que descobrir, uma vez mais, a agricultura, a roda, os elementos químicos, a lógica etc. Essa capacidade está ligada, segundo Álvaro Vieira Pinto, a dois traços distintivos do ser humano enquanto animal:

> a) de um lado, as ideias, enquanto sinais das coisas, encontrarão expressão em um segundo sistema de sinais, a linguagem, graças à qual, por força do convívio social na produção coletiva da existência, o homem transfere de si a um seu semelhante a percepção de uma qualidade de algum objeto ou estado do mundo circunstante; b) e por outro lado, na própria esfera do pensamento, estabelecem-se relações abstratas entre as propriedades percebidas nos corpos, conduzindo ao surgimento, em sentido ideal, do projeto de modificá-las.

Como podemos extrair da passagem de Vieira Pinto, o ser humano pode comunicar aos outros, mediante a linguagem, a percepção das peculiaridades do mundo material. A partir do seu pensamento abstrato, pode projetar transformações nesse mesmo mundo material, de modo que tais transformações serão concretizadas pelo trabalho.

Essa capacidade inerentemente humana de projetar abstratamente um trabalho antes de realizá-lo já havia sido apontada por Marx, conforme destacado no tópico 5.7, com o exemplo clássico da abelha e do arquiteto. Assim, um engenheiro já tem em sua mente, idealmente, o projeto de uma casa, antes mesmo de construí-la.

Desse modo, o ser humano, a partir do trabalho (ou da técnica) transforma o mundo a sua volta, apropriando-se das forças e das leis das naturezas, para usá-las em seu favor. A técnica, ou trabalho, nesse sentido, pode ser definida como "a mediação na obtenção de uma finalidade humana consciente". Vieira Pinto destaca que embora o projeto surja no pensamento, a mediação só se realiza quando há transformações no plano objetivo, alterações no próprio mundo material. Essas alterações permitem, inclusive, a criação de objetos antes inexistentes.

Paulo Freire faz afirmações que se sintonizam com Vieira Pinto, pois aponta que o ser humano, em virtude da razão, da capacidade de intervir no mundo e da sua consciência de inacabamento, é o único animal que transforma a vida em existência. Nesse sentido, essa passagem da vida à existência só é possível a partir da "linguagem, da cultura e da comunicação em níveis mais profundos e complexos(...)".[316]

---

[316] FREIRE, 2015, p. 51.

Para Vieira Pinto, a capacidade de projetar é uma função peculiar do sistema nervoso superior do ser humano, desenvolvido ao longo do processo de evolução biológica humana. A evolução desse sistema, que permite a capacidade de projeção, foi impulsionado pela "necessidade de resolver a contradição entre o ser vivo e a natureza". A capacidade de projeção e abstração permitem o aprimoramento da educação e do trabalho, sendo que ambos, conjugados, possibilitam a transformação do mundo natural em mundo cultural. Outro fator de evolução biológica determinante para a criação da existência, do mundo cultural, segundo Paulo Freire, é a postura ereta, que permite a liberação das mãos. Segundo o autor:

> Mãos que, em grande medida, nos fizeram. Quanto maior se foi tornando a solidariedade entre mente e mãos, tanto mais o *suporte* foi virando *mundo* e a *vida, existência*, na proporção que o corpo humano vira corpo consciente, captador, apreendedor, transformador, criador de beleza e não espaço "vazio" a ser enchido de conteúdos.[317]

Essa solidariedade entre corpo e mente, apontada por Freire, pode dialogar com a capacidade humana de estruturar abstratamente um projeto (mente) para posteriormente concretizá-lo na realidade por meio da técnica (mãos). Mente e mãos não formam duas habilidades apartadas em dois seres diferentes, mas de outro modo, formam uma unidade, uma potencialidade presente em todo ser humano. Entretanto, a divisão social do trabalho cria, por vezes, uma cisão nessa unidade, transformando-a em dualidade e gerando a separação entre trabalho intelectual e trabalho manual.

Vieira Pinto critica os que denominam a contemporaneidade enquanto "era tecnológica" e observa que os diferentes tipos de culturas que a humanidade atravessou foram determinadas por diferentes tipos de técnicas desenvolvidas nesses períodos históricos. Assim, a habilidade de polir a pedra (período neolítico) demarca uma evolução da humanidade, contraposta à fase anterior, em que a pedra era apenas fragmentada (período paleolítico). O desenvolvimento da agricultura e a domesticação de animais permite que os povos nômades se tornem sedentários. Por esses motivos, para Vieira Pinto, "era tecnológica" é toda e qualquer época da história, desde quando o ser humano desenvolveu

---

[317] FREIRE, 2015, p. 51.

a capacidade de projetar e concretizar esses projetos na produção de objetos e de sua própria existência.[318]

Em outro sentido, a educação permite que os indivíduos se humanizem ao se apropriarem do patrimônio cultural da humanidade. Mais ainda, ela possibilita a constante ampliação do patrimônio cultural da humanidade, dadas as contribuições construídas por cada geração. Essas contribuições são tanto imateriais, no sentido de novas ideias, valores e artes produzidas, quanto materiais, enquanto novas técnicas, tecnologias, infraestruturas e transformações realizadas no espaço concreto que os seres humanos convivem.

As contribuições materiais e imateriais não são excludentes, mas inter-relacionadas, se considerarmos que a transformação de um objeto pelo trabalho – a transformação do trigo em pão – exige a capacidade de abstração do ser humano, que projeta em sua mente, idealmente, o que virá a materializar-se apenas posteriormente, no fim do processo. Desse modo, o ser humano não é só um animal racional e cultural, como também um animal técnico.[319]

5.9.1 A educação como prática de liberdade

Paulo Freire destaca a necessidade da dialogicidade da educação, enquanto ato que não se dá de forma isolada, mas em comunhão com os outros indivíduos, todos mediatizados pelo mundo. A prática da educação pressupõe a consciência do ser humano no mundo e com o mundo, enquanto sujeito ativo de participação e transformação da realidade que vivencia. Em outras palavras, é indispensável a compreensão dos indivíduos como seres históricos, bem como de sua própria historicidade.[320]

Para que a educação possa fluir como dialogicidade, é indispensável que a reflexão venha acompanhada da ação, no que Freire denomina práxis. Para o autor, a ação que prescinda da reflexão, ou o pensamento que não venha acompanhado da ação, é incapaz de concretizar uma educação libertadora, pois reflexão e ação formam uma unidade. Em sentido oposto, a palavra se esvazia de realidade e se torna mero verbalismo quando desvinculada da prática, enquanto a ação desconectada da reflexão se converte em mero ativismo.

---

[318] PINTO, 2008.
[319] PINTO, 2008.
[320] FREIRE, 2005.

Paulo Freire realiza uma crítica à "educação bancária", que considera os indivíduos de maneira assujeitada, no ímpeto de depositar conhecimentos em sujeitos passivos e desconsiderando toda especificidade da realidade concreta vivenciada pelos estudantes. A educação só pode se estabelecer como prática de liberdade se considerarmos os indivíduos na condição de sujeitos históricos, que participam da construção do processo educativo.

A "educação bancária", criticada por Freire, teria o escopo de conservar as estruturas sociais e justificá-las, com argumentos de que a desigualdade social é, em parte, necessária e faz parte da própria natureza humana, como se a natureza humana fosse algo dado e não construído historicamente pelos próprios homens. Assim, quando a educação bancária se veste com um discurso progressista, ela o faz de maneira a desvinculá-lo da realidade material, limitando o discurso a um mero verbalismo que nada tem a ver com a realidade dos indivíduos.

Potencializar o caráter de dialogicidade da educação não bancária é considerar a realidade concreta do estudante, de modo que essa realidade deve ser o ponto de partida do processo educativo. Com o desenvolvimento desse processo, devem-se desvelar as condições materiais e as causas que geram a opressão às vidas dos estudantes. Assim, a educação pode servir não para justificar, mas para evidenciar a contradição opressor x oprimido.[321]

A obra de Paulo Freire não se limitou à elaboração de um pensamento teórico sobre a educação, mas possibilitou a construção de um projeto político de educação, que foi capaz de alfabetizar um elevado número de trabalhadores rurais em um curto período. O programa denominado *"De Pé no Chão Também se Aprende a Ler"* era capaz de alfabetizar, a partir do método freireano e com aulas do próprio Freire, cerca de 300 trabalhadores em 45 dias. Utilizar objetos e palavras presentes na vida do trabalhador rural – tijolo, trabalho, terra etc. – permitiu o alcance de tais resultados. Vale recordar que, na época, os analfabetos não tinham direito ao voto, de modo que alfabetizar os indivíduos o permitia, reflexivamente.

---

[321] FREIRE, 2005.

5.9.2 A funcionalidade da educação: uma resposta normativa

Para afunilar a problemática tratada neste tópico e dialogar com a sua dimensão normativa, podemos investigar como a Constituição e a LDB responderiam sobre a questão do sentido social da educação. A resposta não é tão difícil de ser encontrada, pois a Constituição e a LDB tratam explicitamente sobre a temática. Assim, a Constituição estabelece:

> Art. 205. A educação, direito de todos e dever do Estado e da família, será promovida e incentivada com a colaboração da sociedade, visando ao pleno desenvolvimento da pessoa, seu preparo para o exercício da cidadania e sua qualificação para o trabalho.

A partir do texto constitucional, podemos afirmar que o Estado brasileiro tem o compromisso de garantir uma educação que satisfaça três dimensões: I) o pleno desenvolvimento da pessoa; II) a preparação para o exercício da cidadania; III) a qualificação para o trabalho. Interessante observar que a Constituição não fala em uma *ou* outra dimensão, mas em uma *e* outra dimensão, considerando a necessidade de satisfazer os três objetivos, de ordem pessoal, cidadã e profissional.

A Lei de Diretrizes e Bases guarda íntima sintonia com os objetivos previstos pela Constituição, tendo em vista que prevê:

> Art. 2º A educação, dever da família e do Estado, inspirada nos princípios de liberdade e nos ideais de solidariedade humana, tem por finalidade o pleno desenvolvimento do educando, seu preparo para o exercício da cidadania e sua qualificação para o trabalho.

Como se vê, podemos encontrar tanto na Constituição da República como na LDB os três objetivos que a educação deve cumprir: pleno desenvolvimento humano, qualificação para o trabalho e desenvolvimento da cidadania. Não é só o conhecimento que possui uma finalidade prático profissional imediata que deve integrar os currículos das diferentes modalidades educacionais. O objetivo de desenvolvimento humano e preparo para o exercício da cidadania exige tanto um conhecimento mínimo da ordem social e política em que o indivíduo está integrado, como uma apreensão de conhecimentos de âmbito artístico, literário e científico, de modo a absorver o que foi produzido de relevante pela humanidade culturalmente. Uma parte dos conhecimentos transmitidos devem ser desinteressados profissionalmente – ao menos durante a educação básica – como forma de oferecer um repertório cultural que auxiliará na formação humana dos indivíduos.

A partir desse parâmetro, podemos afirmar que um projeto de educação que seja unilateral e desconsidere a sua perspectiva tridimensional será uma afronta à própria Constituição. Embora saibamos que parte das políticas é implementada à margem dos parâmetros constitucionais, não podemos normalizar essas afrontas, de modo que se torna necessário manter os valores constitucionais em nosso horizonte normativo, como fim a ser atingido por meio das políticas públicas. A Constituição não pode ser tomada como uma mera folha de papel, sem força normativa para transformar o plano concreto da vida social. Entretanto, sabemos que essa força normativa não está dada, mas sim que se concretiza (ou se omite) no decorrer das disputas entre grupos antagônicos, que ocorrem no campo da política, preenchido por movimentos sociais, partidos políticos, agentes governamentais, grupos de interesse, atores sociais, pesquisadores etc.

Considerando a diferenciação entre educação formal e informal, destacamos que o presente trabalho foca na primeira modalidade, pois essa demanda uma atuação do Estado, a partir de políticas públicas, para implementar a educação na realidade dos indivíduos.

Nesse sentido, há um regime jurídico específico que configura a educação como direito público subjetivo, capaz de ser demandado pelo indivíduo por via judicial. Para além das demandas individuais sobre educação, o núcleo da sua estruturação jurídica, presente na Constituição Federal e na Lei de Diretrizes e Bases da Educação, fundamenta a criação de políticas públicas de educação, que projetem esse direito de maneira coletiva, alcançando os indivíduos por meio de planos de ação em escala, e não apenas por respostas judiciais fragmentadas.[322] Os parâmetros que indicam os fundamentos que os governantes devem levar em conta na elaboração de políticas públicas educacionais estão dispostos na LDB, no texto constitucional e nas demais leis esparsas.

5.10 Educação como instrumento de emancipação? Limites e possibilidades

Um dos objetivos centrais deste livro, ainda nos seus primeiros meses, era investigar a possibilidade de a educação servir como instrumento de emancipação do ser humano. Mais do que investigar, o anseio inicial era afirmar a capacidade da educação enquanto emancipatória,

---

[322] DUARTE, 2007.

capaz de inserir o sujeito no mundo e o desprender das eventuais desigualdades que permeiam a nossa realidade.

Com o transcorrer do livro, o aprofundamento em algumas leituras críticas e a aproximação com argumentos estruturais, pudemos perceber certo grau de ingenuidade nessa ideia. Isso porque, embora a educação possua um relevante potencial de transformação, essa não está desvinculada da estrutura social em que se engendra, mas, ao contrário, está anexada à própria sociedade. Assim, a educação não é autônoma em relação à estrutura social em que está inserida.

Afirmar que a educação está estritamente vinculada à estrutura social em que se insere não significa dizer que aquela é um mero reflexo da sociedade, não possuindo nenhum grau de autonomia. De outro modo, essa dinâmica deve ser percebida de forma relacional, pois ao mesmo tempo que a educação é constituída pela estrutura social, ela também constitui essa estrutura. A relação não é unilateral, mas dialética, de forma que – como já dito – a educação é estruturada pela sociedade mas também estrutura a própria sociedade.

Dessa maneira, apostar todas as fichas de transformação social na educação pode acabar servindo como mera retórica capaz de invisibilizar outros problemas sociais que, se ignorados, tornam a educação insuficiente e incapaz de ampliar os seus efeitos. Para ilustrar essa afirmação, destacamos que falar apenas em educação e ignorar a desigualdade econômica e social do Brasil, o desigual acesso às políticas públicas como moradia, transporte público e infraestrutura urbana, acaba enfraquecendo a própria potencialidade da educação, ao querer tomar a parte como todo, ou seja, enxergar a parcela e acreditar que está observando a totalidade do problema.

Assim, ainda que a educação profissional e tecnológica tenha um crescimento exponencial do número de vagas, qual será a eficácia dessa política se os estudantes qualificados profissionalmente tiverem, à sua disposição, uma enorme quantidade de trabalhos precários, sem estabilidade e terceirizados? A força de trabalho qualificada – ainda que seja potencialmente condicionante para o crescimento do país – será incapaz de concretizar mudanças se essa força for subsumida por empregos precários.

É importante lembrarmos que a educação serviu como mote para justificar, historicamente, diferentes projetos de sociedade para o Brasil, de tal forma que a mesma palavra – embora possuindo semânticas distintas – era o argumento que fundamentava projetos antagônicos de organização social. Durante a ditadura civil militar, a educação era o instrumento que serviria como fator determinante para o desenvolvimento econômico do país, ao capacitar uma mão de obra especializada para suprir as demandas de produção que o Brasil, eventualmente, possuiria. Com base nesse argumento, foi estabelecida a educação profissional obrigatória e compulsória aos alunos do segundo grau. Esse projeto teve forte inspiração da Teoria do Capital Humano, que considerava a educação pelo seu fator econômico, pautada nos princípios de racionalidade, eficiência e produtividade e vinculada a uma concepção produtivista da educação.[323]

Aqui, podemos voltar a pensar em uma educação que não seja instrumentalizada, apenas um meio de atingir a qualificação técnica e alcançar um bom lugar no mercado de trabalho, mas em uma educação que desenvolva os pressupostos de cidadania dos indivíduos, bem como que possibilite a esses a apropriação do que foi produzido, historicamente, pela cultura humana.

Assim, dependendo do tipo de educação que for colocada em prática, ela servirá como instrumento de intensificação e de reprodução das desigualdades sociais. Bourdieu já havia demonstrado, a partir de pesquisas empíricas sobre o sistema educacional, como a educação pode servir de instrumento capaz de reproduzir as desigualdades presentes na estrutura social. Isso porque, embora a escola se apresente como um sistema neutro, que valoriza toda e qualquer tipo de conhecimento, em verdade, o sistema escolar valoriza a cultura legítima, proveniente das classes burguesas. Desse modo, os filhos das classes burguesas, que já tiveram contato com essa cultura no ambiente familiar, têm uma considerável vantagem no desempenho escolar se comparados aos filhos das classes populares, para quem essa cultura legítima é estranha.[324]

Em outras palavras, o capital cultural que as crianças trazem de casa e herdam dos seus pais, a partir do ambiente de sociabilidade que se desenvolve no seio familiar, acaba sendo determinante para o desempenho dessas crianças quando elas chegam às escolas, considerando que o sistema escolar valorizará não a cultura de toda e qualquer classe social, mas a cultura legítima própria das classes burguesas. Assim, de acordo com Bourdieu, mesmo uma escola pública, universal e gratuita não seria capaz de acabar com as desigualdades da educação,

---

[323] SAVIANI, 2008.
[324] BOURDIEU; PASSERON, 2008.

pois os indivíduos trazem diferentes tipos de capital cultural do próprio ambiente familiar. As diferentes estratégias de investimento em educação, dependendo da classe social a que o indivíduo pertence, também terá efeitos determinantes para o desempenho desses estudantes na vida escolar.

Debater educação no Brasil de uma maneira eficaz demanda um debate conjunto sobre desigualdade social, pois um debate sobre ensino que não leve em consideração esse tema terá várias fragilidades e pontos de cegueira. Desse modo, é importante lembrar que, ao debater educação devemos nos perguntar sobre o tipo de educação que almejamos, considerando que a depender do projeto de ensino construído, esse poderá servir como instrumento de reprodução e intensificação das desigualdades sociais.

Em uma de suas reflexões sobre educação, Paulo Freire indica que não possui uma visão ingênua, que desconsidera a educação como fruto da própria sociedade desigual em que vivemos. Entretanto, afirma que a educação pode, inclusive, expor e evidenciar essas contradições de uma sociedade intensamente desigual.[325]

A educação pode servir de instrumento para invisibilizar outros problemas estruturais do Brasil quando é usada, principalmente, ao lado da meritocracia, como se todos os indivíduos da sociedade possuíssem as mesmas condições de formação. Usar o verniz da meritocracia em um dos países mais desiguais do mundo, em que 28% da renda do país está nas mãos de apenas 1% da população,[326] é uma forma de obscurecer os problemas estruturais e históricos do Brasil.

Entretanto, se as transformações não podem ocorrer apenas com a educação, tampouco poderão ocorrer sem esta, pois a educação, ainda que inserida em uma estrutura social mais complexa, tem um grande potencial de expor as contradições presentes na sociedade.

---

[325] FREIRE, 2005.
[326] WID.org, [2021].

CONCLUSÃO

A educação e o trabalho são atividades inerentemente humanas, essenciais para a transformação do mundo natural em mundo cultural, pois não é possível falar em cultura sem o desenvolvimento da educação e do trabalho enquanto constitutivas da existência humana. Assim, o ser humano é o único animal que, a partir do trabalho, não se adapta a natureza mas a modifica para adaptá-la às suas necessidades. Se o trabalho é uma forma de modificação da natureza externa ao ser humano, a educação é um instrumento de transformação e desenvolvimento interno do próprio ser humano. A análise da educação profissional envolve a compreensão de que essa tem como pressupostos, justamente, a educação e o trabalho.

Dessa maneira, falar em políticas públicas de educação profissional e tecnológica é discutir como o Estado organizará suas instituições, seus órgãos e seu aparato burocrático para implementar esse direito aos indivíduos. A utilização da abordagem Direito e Políticas Públicas (DPP) é uma ferramenta relevante, pois permite descortinar a imbricação existente entre os componentes jurídicos e políticos que permeiam as políticas públicas de educação profissional. A partir dessa abordagem podemos, também, enxergar a norma não como ponto de partida da análise, mas enquanto *a cristalização de disputas políticas travadas em torno de interesses divergentes,* desvelando que não há um projeto de educação profissional e, sim, diferentes projetos de educação profissional no Brasil, constantemente em disputa.

A abordagem DPP permite a identificação do contexto histórico e político específico no qual surgem as políticas públicas, fator essencial para conferir materialidade à análise. Assim, considerando que essas surgem a partir do Estado Social, podemos aferir que o esvaziamento da capacidade planejadora do Estado mediante reformas constitucionais enfraquece a própria atividade estatal em relação à implementação de políticas públicas. A EC nº 95, aprovada em 2016, é uma das reformas que fragiliza a potencialidade social do Estado brasileiro.

O debate sobre políticas públicas pode obter ganhos analíticos ao considerar a perspectiva macroinstitucional, pois a visualização da ação governamental desvinculada do tipo de Estado cuja implementação ocorre, enfraquece a potencialidade de atingir os objetivos inicialmente propostos. Em outras palavras, é importante a vinculação das políticas públicas com a perspectiva do Estado Social, pois um Estado abstencionista não dispõe dos meios necessários à implementação de políticas sociais. A correlação de forças políticas e sociais também é determinante para garantir efetividade ao Estado Social regulamentado pela Constituição de 1988.

Se parte da ciência política define as políticas públicas como "o Estado em ação", a abordagem DPP pode auxiliar na construção de uma análise do "Direito em ação", ao visualizá-lo não de forma estática, mas inserindo a categoria de movimento para observar a relação existente entre o campo político e o campo jurídico. A construção de arranjos institucionais evidencia este movimento, pois um arranjo só demonstrará sua efetividade ou ineficácia ao ser testado pela materialidade e conjuntura política.

De modo similar, a inserção da chave mudança política e permanência institucional permitiu superar, ao menos em parte, a análise estática das políticas públicas no campo jurídico, ao considerar a contradição presente entre instituições que pretendem consolidar sua estrutura e atores políticos que almejam realizar mudanças com seus projetos de governo. A própria diferenciação entre governo e Estado já demonstra essa contradição, pois evidencia o ímpeto de permanência temporal da estrutura do Estado e o impulso de mudança dos novos governos que surgem a partir da periodicidade eleitoral.

A análise da historicidade da EPT, olhando para o seu desenvolvimento desde a Primeira República, permite compreender as alterações ocorridas em relação à funcionalidade dessa modalidade educacional. Se inicialmente a educação profissional possuía um forte traço assistencialista, com o início da industrialização do Brasil no século XX a EPT aparece como medida essencial para qualificar a força do trabalho no país e fazer frente às novas demandas surgidas com o desenvolvimento da indústria nacional. Portanto, o anseio da expansão do setor secundário e da agregação de valor às matérias-primas demandam uma força de trabalho qualificada que possa agregar valor, a partir da técnica e da tecnologia, às mercadorias.

A análise histórica também permitiu identificar a origem de instituições de EPT que permanecem na contemporaneidade. As 19 Escolas de Aprendizes e Artífices criadas por Nilo Peçanha em 1909, embora tenham passado por diversas alterações ao longo de mais de 100 anos, são consideradas como a gênese da atual Rede Federal de Educação Profissional e Tecnológica, que já no século XX estabelecia como responsabilidade da União a manutenção da EPT em todos os estados membros existentes à época. É evidente que os atuais institutos federais têm grandes diferenças com as antigas Escolas de Aprendizes e Artífices, entretanto, diversos pesquisadores apontam a criação destas como ponto de partida da Rede Federal. Buscamos elaborar uma análise considerando os aproveitamentos institucionais efetuados após as sucessivas transições de governo, bem como a partir da chave da mudança política e permanência institucional. Esta foi visualizada não enquanto elementos separados e estanques, mas como unidade contraditória.

A chave de análise referida considera o caráter de permanência que as instituições podem adquirir com o decurso temporal em relação com as mudanças políticas decorrentes da periodicidade eleitoral e da composição de novos sujeitos políticos.

Dessa forma, é possível observar essas transformações institucionais, também, na criação dos Institutos Federais em 2008 que, embora tenha estabelecido diversas inovações no âmbito da EPT, utilizou-se da institucionalidade anteriormente posta pelos Cefet. Em sentido similar, o Pronatec se utilizou de diversas instituições de educação profissional e tecnológica já existentes – Sistema S, Rede Federal, Sistec, Rede e-Tec Brasil –, unificando-as para a expansão de matrículas no âmbito da EPT. A despeito de ter criado programas novos, como o Bolsa Formação, o Pronatec utilizou a capacidade institucional desenvolvida ao longo dos anos pelas políticas públicas de EPT para conferir uma espécie de direção centralizada e ação autônoma. A direção era feita pela Setec/MEC, responsável por coordenar as ações, ao mesmo tempo em que se conferiu autonomia às redes estaduais de EPT, Rede Federal, Sistema S, responsáveis por gerir as matrículas e os cursos de educação profissional e tecnológica.

O Pronatec também apresentou uma grande capacidade técnico administrativa e político relacional. A primeira foi relativamente satisfeita pela existência de burocracias governamentais especializadas, mecanismos de coordenação intragovernamental (conselhos deliberativos) e procedimentos de monitoramento de implementação (Fórum Nacional e Estadual de EPT e Sistec). A capacidade político relacional, por sua vez, é relativamente satisfeita pela fiscalização realizada por agências de controle (Controladoria Geral da União), presença de mecanismos de participação social (conselhos de EPT) e pelas interações entre atores burocráticos e agentes políticos.

Uma tentativa de garantir a continuidade das políticas de educação no Brasil a despeito das alternâncias governamentais é a criação do Plano Nacional de Educação 2014-2024, que institui metas e estratégias que o Estado brasileiro deverá seguir durante 10 anos. Passados 5 anos da promulgação do PNE, podemos afirmar que as metas relativas à educação profissional e tecnológica – meta 10 e meta 11 – não estão próximas de serem cumpridas. Embora haja estratégias claras que os governos devem seguir em relação à educação – estabelecidas pelo PNE –, não há mecanismos jurídicos que vinculem os governos ao cumprimento dessas metas, ou ainda que os responsabilizem pelo não cumprimento do Plano Nacional de Educação.

A análise histórica permitiu concluir, também, que parte das demandas sobre educação do século XX ainda não foram concretizadas plenamente. O Manifesto dos Pioneiros de 1932 – importante movimento que influenciou intensamente o século passado – defendia uma educação pública, laica, gratuita e de qualidade, capaz de superar o caráter fragmentário do ensino. Tais reivindicações, a despeito dos progressos no campo educacional nos últimos 30 anos, ainda precisam de uma luta contínua das presentes gerações para sua efetivação.

A identificação de alterações legislativas que representaram pontos de virada na postura política dos governantes e *policymakers* pode ser realizada como forma de evidenciar a imbricação do Direito com a política, ao explicitar como as alterações no plano normativo configuram, em parte, os novos horizontes de ação no campo político, sendo a recíproca verdadeira. Desse modo, a revogação do Decreto nº 2.208/97 pelo advento do Decreto nº 5.154/04 implicou grandes mudanças nas políticas públicas de educação profissional e tecnológica. Se o Decreto nº 2.208/97 havia excluído a possibilidade de educação profissional integrada ao ensino médio, mantendo apenas as modalidades concomitante e sequencial, tal legislação foi revogada pelo Decreto nº 5.154/04, que estabeleceu o retorno da modalidade integrada.

Parte dos pesquisadores de EPT afirmam que essa modalidade permite a integração de conhecimentos técnicos com conhecimentos propedêuticos, como forma de garantir uma formação integral ao indivíduo do ensino médio que tem acesso à educação profissional integrada. Embora uma política pública não se limite a sua base normativa, pode-se apontar que essa alteração legislativa criou uma legitimidade e viabilidade jurídica para a mudança no conteúdo de parte da política pública de EPT. A mudança normativa, todavia, não pode ser explicada por si só, sendo importante observar a alteração político eleitoral que ocorreu anteriormente a essa mudança, com o fim do Governo FHC e início do Governo Lula. A sucessão eleitoral foi acompanhada por uma mudança na linha política, que serviu de fundamento ao Decreto nº 5.154/04.

O trabalho, embora possa ser observado por uma dimensão ontológica, não possui uma existência atemporal, mas sim um lastro de materialidade histórica e social que engendra as suas especificidades. O modo de produção capitalista – que passou por relevantes alterações nas últimas décadas – consolida a divisão social do trabalho e a produção coletiva contraposta à apropriação privada do que é produzido. Embora o cotidiano seja permeado por objetos que são fruto da conjugação entre trabalho intelectual e manual, há uma valorização daquele em detrimento deste, imposta pela distinção social do trabalho intelectual e pela diferença salarial existente entre ambos. É importante frisar, nesta discussão, que atividades manuais ou intelectuais não derivam das capacidades humanas de desenvolver essa ou aquela habilidade, mas de outro modo, são fruto da própria divisão social do trabalho.

Este livro buscou compreender que as políticas de educação profissional e tecnológica estão inseridas em uma totalidade constituída por fatores sociais, políticos e econômicos. Isso não significa a pretensão de compreender a totalidade social em suas mínimas peculiaridades, mas sim, a consciência de não ignorar aspectos sociais e políticos que são determinantes para a educação profissional, buscando enxergá-la a partir da relação que possui com outros componentes. Desse modo, há várias fragilidades ao se afirmar que a expansão das políticas de EPT, por si só, pode aumentar o número de empregos e diminuir as desigualdades sociais, considerando que esses resultados demandam a conjugação da EPT com outras políticas de geração de emprego, redistribuição de renda, seguridade social e proteção ao trabalhador. A qualificação de indivíduos para o mundo do trabalho não será suficiente se não existirem vagas disponíveis para esses indivíduos, ou ainda, se houver uma expansão de trabalhos precários disponíveis para os indivíduos qualificados. A legitimação de trabalhos precários por instituições jurídicas também dificulta esse processo, se considerarmos a terceirização da atividade-fim, contratos intermitentes, não reconhecimento de vínculo empregatício, contrato de zero hora, entre outras.

As alterações ocorridas na organização de trabalho nas últimas décadas são relevantes para a elaboração das políticas de educação profissional. A expansão do setor de serviços e consequente diminuição do setor produtivo e da manufatura são pontos importantes, tendo em vista que atualmente o setor terciário é responsável por 70% dos empregos no Brasil. A inserção de novas tecnologias no mundo do trabalho, a ascensão de características toyotistas e a permanência de traços tayloristas são essenciais para a construção de uma análise mais precisa da EPT. Assim, essas determinações não podem ser ignoradas seja na elaboração das políticas de educação profissional e tecnológica, seja na construção da análise dessas políticas.

As reformas instituídas nos últimos anos, como a reforma trabalhista, que assegura a *prevalência do negociado sobre o legislado*, a permissão da terceirização de atividades-fim, e a EC nº 95, que fragiliza a potencialidade do Estado Social, são determinantes para visualizar as condições de trabalho que existirão para os indivíduos.

Considerando a previsão constitucional de que a educação deve cumprir três objetivos – desenvolvimento pessoal, preparo para o exercício da cidadania e qualificação profissional –, a educação profissional deve vincular formação geral e formação profissional, possuindo em seu currículo tanto os conhecimentos referentes à profissionalização quanto os conhecimentos propedêuticos. Neste ponto, não utilizamos o texto constitucional como retórica, mas sim como o horizonte normativo que devemos mirar, pois a Constituição representa um pacto social que, embora firmado em 1988, demanda o esforço contínuo das gerações seguintes para a realização.

Se a educação for entendida como um processo de humanização dos homens e mulheres, que permite o contato destes com o patrimônio cultural historicamente construído pela humanidade, é necessário que os indivíduos tenham contato tanto com conhecimentos técnicos, diretamente aplicáveis às profissões, quanto com conhecimentos minimamente desinteressados, que, embora não sejam aplicáveis diretamente aos cargos que serão ocupados, possuem o potencial de aprimorar a cidadania e constituir as bases da formação humana.

REFERÊNCIAS

ABRAMOVICH, V. Una aproximación al enfoque de derechos en las estrategias y políticas de desarrollo. *Revista de la CEPAL*, Santiago, n. 88, 2006.

AFONSO, A. M. M; GONZALES, W. R. C. Educação profissional e tecnológica: análises e perspectivas da LDB/1996 à CONAE 2014. *Ensaio*: Avaliação Políticas Públicas Educacionais, Rio de Janeiro, v. 24, n. 92, p. 719-742, jul./set. 2016.

AINSWORTH, James W; ROSCIGNO, Vincent J. Stratification, school-work linkages and vocational education. *Social Forces*, v. 84, Issue 1, p. 257-284, 2005.

ALMEIDA, Frederico de. As elites da justiça: instituições, profissões e poder na política da justiça brasileira. *Revista de Sociologia Política*, Curitiba, v. 22, n. 52, p. 77-95, dez. 2014.

ALMEIDA, Wania Manso de. *A institucionalização do ensino industrial no Estado Novo português e no Estado Novo brasileiro*: aproximações e distanciamentos. 2010. 255 f. (Tese) Doutorado em Educação. Pontifícia Universidade Católica, Rio de Janeiro, 2010.

ANTUNES, Ricardo. *Adeus ao trabalho?* 15. ed. São Paulo: Cortez, 2008.

ANTUNES, Ricardo. *O privilégio da servidão*: o novo proletariado de serviços na era digital. São Paulo: Boitempo, 2018.

BAXTER, L. G. Legal Education and Public Policy. *Natal University Law and Society Review*, v. 15, n. 31, 1985.

BELTRÃO, Tatiana. Reforma tornou ensino profissional obrigatório em 1971. *Senado Notícias*, 03 jan. 2017. Disponível em: https://www12.senado.leg.br/noticias/materias/2017/03/03/reforma-do-ensino-medio-fracassou-na-ditadura. Acesso em: 7 ago. 2019.

BERCOVICI, G.; MASSONETTO, L. F. A Constituição dirigente invertida: a blindagem da Constituição financeira e a agonia da Constituição Econômica. *Boletim de Ciências Econômicas*, Coimbra, v. XLIX, 2006.

BOBBIO, Norberto. *A era dos direitos*. Tradução: Carlos Nelson Coutinho. Rio de Janeiro: Elsevier, 2004.

BOBBIO, Norberto. *Da estrutura à função*: novos estudos de teoria do direito. Tradução: Daniela Beccaccia Versiani. São Paulo: Manoele, 2007.

BOITO JÚNIOR, Armando. *Política neoliberal e sindicalismo no Brasil*. São Paulo: Xamã, 1999.

BOITO JÚNIOR, Armando; GALVÃO, Andréia. Apresentação. *In:* BOITO JÚNIOR, Armando; GALVÃO, Andréia (org.). *Política e classes sociais no Brasil dos anos 2000*. São Paulo: Alameda, 2012.

BOMENY, Helena. *Manifesto dos Pioneiros da Educação Nova*, [1932]. Disponível em: https://cpdoc.fgv.br/producao/dossies/JK/artigos/Educacao/ManifestoPioneiros. Acesso em: 20 nov. 2019.

BOURCIER, Daniéle. Modéliser la decision administrative. Réflexions sur quelques paradigmes. *In:* BOURCIER, Daniéle. *Le Droit Administratif en mutation*. Paris: PUF, 1993.

BOURDIEU, Pierre; PASSERON, Jean-Claude. *A distinção*: crítica social do julgamento. São Paulo: Edusp; Porto Alegre: Zouk, 2008.

BOURDIEU, Pierre; PASSERON, Jean-Claude. *A reprodução*: elementos para uma teoria do sistema de ensino. Petrópolis: Vozes, 2008.

BRASIL é o país onde extremismo de direita mais avança, aponta estudo. *Uol*, 27 fev. 2022.

BRASIL. Decreto nº 7.566, de 23 de setembro de 1909. Créa nas capitaes dos Estados da Escolas de Aprendizes Artífices, para o ensino profissional primário e gratuito. Disponível em: http://portal.mec.gov.br/setec/arquivos/pdf3/decreto_7566_1909.pdf. Acesso em: 12 nov. 2018.

BRASIL. [Constituição (1937)]. *Constituição dos Estados Unidos do Brasil*. Rio de Janeiro Presidência da República, 1937.

BRASIL. [Constituição (1988)].*Constituição da República Federativa do Brasil*. Brasília, DF: Presidência da República, 1988. Disponível em: http://www.planalto.gov.br/ccivil_03/Constituicao/Constituiçao.htm. Acesso em: 5 fev. 2018.

BRASIL. Lei nº 11.892, de 29 de dezembro de 2008. Institui a Rede Federal de Educação Profissional, Científica e Tecnológica, cria os Institutos Federais de Educação, Ciência e Tecnologia, e dá outras providências. *Diário Oficial da União*: Brasília, DF, 30 dez. 2008. Disponível em: https://www.planalto.gov.br/ccivil_03/_ato2007-2010/2008/lei/l11892.htm. Acesso em: 18 maio 2018.

BRASIL. Lei nº 13.005, de 25 de junho de 2014. Aprova o Plano Nacional de Educação – PNE e dá outras providências. *Diário Oficial da União*: Brasília, DF, 26 jun. 2014. Disponível em: https://www.planalto.gov.br/ccivil_03/_ato2011-2014/2014/lei/l13005.htm. Acesso em: 12 maio 2020.

BRASIL. Lei nº 9.394, de 24 de dezembro de 1996. Estabelece as diretrizes e bases da educação nacional. *Diário Oficial da União*: Brasília, DF, 1998. Disponível em: https://www.planalto.gov.br/ccivil_03/leis/l9394.htm. Acesso em: 22 jun. 2018.

BRASIL. Ministério da Educação. Bolsa Formação. *Portal MEC*, [2021]. Disponível em: http://portal.mec.gov.br/bolsa-formacao. Acesso em: 10 fev. 2020.

BRASIL. Ministério da Educação. Novos Caminhos, [2020]. Disponível em: https://novoscaminhos.mec.gov.br/conheca-o-programa/estrategias. Acesso em: 16 jan. 2020.

BRASIL. Ministério da Educação. *Centenário da rede federal de educação profissional e tecnológica*. Brasília, DF: Ministério da Educação, 2020. Disponível em: http://portal.mec.gov.br/setec/arquivos/centenario/historico_educacao_profissional.pdf. Acesso em: 9 nov. 2020.

BRASIL. Ministério da Educação. Rede Certific. *Portal MEC*, [2022]. Disponível em: http://portal.mec.gov.br/escola-de-gestores-da-educacao-basica/190-secretarias-112877938/setec-1749372213/32091-rede-nacional-de-certificacao-profissional-rede-certific. Acesso em: 20 abr. 2022.

BRASIL. Ministério da Educação. Secretaria de Educação Profissional e Tecnológica. *Educação profissional técnica de nível médio integrada ao ensino médio*. Documento Base. Brasília, DF: Ministério da Educação, dez. 2007. Disponível em: http://portal.mec.gov.br/setec/arquivos/pdf/documento_base.pdf. Acesso em: 15 fev. 2018.

BRASIL. Ministério da Educação. Secretaria de Regulação e Supervisão da Educação Superior. Secretaria de Educação Profissional e Tecnológica. *Catálogo Nacional de Cursos Superiores de Tecnologia*. Brasília, DF: Ministério da Educação, 2016a. http://portal.mec.gov.br/index.php?option=com_docman&view=download&alias=98211-cncst-2016-a&category_slug=outubro-2018-pdf-1&Itemid=30192. Acesso em: 20 abr. 2018.

BRASIL. Ministério da Transparência e Controladoria-Geral da União Secretaria Federal de Controle Interno. *Relatório de Avaliação da Execução do Programa de Governo nº 79*. Apoio à formação profissional, científica e tecnológica. Brasília, DF: CGU, 2018.

BUCCI, Maria Paula Dallari; COUTINHO, Diogo. Arranjos jurídico-institucionais da política de inovação tecnológica: uma análise baseada na abordagem de direito e políticas públicas. *In*: COUTINHO, Diogo; FOSS, Maria Carolina; MOUALEM, Pedro Salomon Bezerra (org.). *Inovação no Brasil*: avanços e desafios jurídicos e institucionais. São Paulo: Blucher, 2017.

BUCCI, Maria Paula Dallari. A PEC 241 (teto de gastos) ou como degradar a educação em política de governo. *Direito do Estado*, 22 ago. 2016b. Disponível em: http://www.direitodoestado.com.br/colunistas/maria-paula-dallari-bucci/a-pec-241-teto-de-gastos-ou-como-degradar-a-educacao-em-politica-de-governo. Acesso em: 2 fev. 2018.

BUCCI, Maria Paula Dallari. Constituição, política e políticas públicas. *In*: BOLONHA, Carlos; OLIVEIRA, Fabio Corrêa Souza de (org.). *30 anos da Constituição de 1988*. Uma jornada democrática inacabada. Rio de Janeiro, 2018. p. 119-132.

BUCCI, Maria Paula Dallari. *Direito Administrativo e políticas públicas*. São Paulo: Saraiva, 2002.

BUCCI, Maria Paula Dallari. *Fundamentos para uma teoria jurídica das políticas públicas*. São Paulo: Saraiva, 2013.

BUCCI, Maria Paula Dallari. Pesquisa jurídica em políticas públicas. *In:* QUEIROZ, Rafael Mafei Rabelo; FEFERBAUM, Marina (org.). *Pesquisa em Direito*: métodos, técnicas e abordagens. São Paulo: Saraiva, 2019.

BUCCI, Maria Paula Dallari. Quadro de referência de uma política pública. Primeiras linhas de uma visão jurídico-institucional. *Direito do Estado*, 27 mar. 2016b. Disponível em: http://www.direitodoestado.com.br/colunistas/maria-paula-dallari-bucci/quadro-de-referencia-de-uma-politica-publica-primeiras-linhas-de-uma-visao-juridico-institucional. Acesso em: 21 ago. 2016.

BUCCI, Maria Paula Dallari. Método e aplicações da abordagem Direito e Políticas Públicas (DPP). *Revista Estudos Institucionais*, v. 5, n. 3, p. 791-832, dez. 2019.

BUCCI, Maria Paula Dallari. O conceito de política pública em direito. *In:* BUCCI, M. P. D. (org.). *Políticas públicas*: reflexões sobre o conceito jurídico. São Paulo: Saraiva, 2006. p. 1-50.

BUCCI, Maria Paula Dallari; SOUZA, Matheus Silveira de. A abordagem Direito e políticas públicas: temas para uma agenda de pesquisa. *Sequência – Estudos Jurídicos*, v. 43, p. 1-28, 2022.

CADASTRO GERAL DE EMPREGADOS E DESEMPREGADOS, [2020]. Disponível em: https://www.gov.br/trabalho-e-previdencia/pt-br/servicos/empregador/caged. Acesso em: 12 abr. 2022.

CASSIOLATO, M; GARCIA, R. *PRONATEC*: múltiplos arranjos e ações para ampliar acesso à educação profissional. Texto para Discussão, 1.919. Rio de Janeiro: IPEA, 2014.

CAVALLINI, Marta. Reforma trabalhista completa 3 anos; veja os principais efeitos. *G1*, 11 nov. 2020.

CEDEPLAR. *Publicação Crítica do Recenseamento Geral do Império do Brasil de 1872.*

Belo Horizonte: Núcleo de Pesquisa em História Econômica e Demográfica (UFMG), 2012.

CENTRO DE GESTÃO E ESTUDOS ESTRATÉGICOS. *Mapa da educação profissional e tecnológica*: experiências internacionais e dinâmicas regionais brasileiras. Brasília: CGEE, 2015.

CERQUEIRA, Maria Cristina Rizzeto. *Programa de expansão da educação profissional*: análise do alcance das políticas educacionais. 2010. 106 f. (Dissertação). Mestrado em Educação, Arte e História da Cultura. Universidade Presbiteriana Mackenzie, São Paulo. 2010.

CESÁRIO, Pablo Silva. Redes de influência no Congresso Nacional: como se articulam os principais grupos de interesse. *Revista de Sociologia Política*, v. 24, n. 59, p. 109-127, set. 2016.

CHESNAIS, François. A globalização e o curso do capitalismo de fim-de-século. *Economia e Sociedade*, Campinas, v. 5, n. 1-30, dez. 1995.

CIAVATA, Maria. A historicidade das reformas de educação profissional. *Cadernos de Pesquisa em Educação*, Vitória, ano 11, v. 19, n. 39, p. 50-64. jan./jun. 2014.

CIAVATTA, Maria. A formação integrada. A escola e o trabalho como lugares de formação e identidade. *Revista Trabalho Necessário*, v. 3, n. 3, 2005.

CIAVATTA, Maria. Trabalho como princípio educativo. *In:* PEREIRA, Isabel Brasil; LIMA, Júlio César França (org.). *Dicionário de educação profissional de saúde*. Rio de Janeiro: Fundação Oswaldo Cruz, 2009.

CLUNE, William. H. A political model of implementation and implications of the model for public policy, research, and the changing roles of law and lawyers. *Iowa Law Review*, v. 47, n. 69, 1983.

CLUNE, William. H. Direito e Políticas Públicas: mapa da área. *Revista de Direito Administrativo e Constitucional*, n. 86, p. 59-108, out./dez. 2021.

CLUNE, William. H. Legal disintegration and a theory of the state. *German Law Journal*, v. 12, Issue 186, 2011.

COMPARATO, Fábio Konder. Ensaio sobre o juízo constitucional de políticas públicas. *In:* MELLO, Celso Antônio Bandeira de (org.). *Direito Administrativo e Constitucional.* Estudos em homenagem a Geraldo Ataliba. São Paulo: Malheiros, 1997.

CORDÃO, Francisco A. *A educação profissional como uma das dimensões do direito à profissionalização.* O Plano Nacional de Educação e o Sistema Nacional de Educação: educar para a equidade. RONCA, A. C. C.; ALVES, L. R. (org.). São Paulo: Fundação Santillana, 2015.

CORDÃO, Francisco A. *Educação profissional no Brasil*: síntese histórica e perspectivas. São Paulo: Editora Senac, 2017.

COUTINHO, Diogo R. O Direito nas políticas públicas. *In:* MARQUES, Eduardo; FARIA, Carlos Aurélio Pimenta de (org.). *Política pública como campo disciplinar.* Rio de Janeiro: Editora Unesp; São Paulo: Editora Fiocruz, 2013.

COUTINHO, Diogo Rosenthal. O Direito Econômico e a construção institucional do desenvolvimento democrático. *Revista Estudos Institucionais*, v. 2, n. 1, p. 214-262, jul. 2016. ISSN 2447-5467.

CUNHA, L. A. O legado da ditadura para a educação brasileira. *Educação e Sociedade*, Campinas, v. 35, n. 127, p. 357-377, abr./jun. 2014.

CUNHA, L.A. *O ensino de ofícios nos primórdios da industrialização.* São Paulo: Editora Unesp, 2000.

CUNHA, L. A. *O ensino profissional na irradiação do industrialismo.* São Paulo: Unesp, 2005.

DAHL, R. *Who Governs?* Democracy and Power in an American City. New Haven: Yale Press, 1961.

DARDOT, Pierre; LAVAL, Christian. *A nova razão do mundo* – ensaio sobre a sociedade neoliberal. São Paulo: Boitempo, 2016.

DEPARTAMENTO INTERSINDICAL DE ESTATÍSTICA ESTUDOS ECONÔMICOS. *Nota técnica 19*: educação profissional e mercado de trabalho: ainda há muito a avançar, n. 199, nov. 2018.

DI GIOVANNI, Geraldo. *As estruturas elementares das políticas públicas.* Campinas: Unicamp, 2009.

DOMINGOS SOBRINHO, Moisés. Universidade Tecnológica ou Instituto Federal de Educação, Ciência e Tecnologia. *Portal MEC*, [2022]. Disponível em: http://portal.mec.gov.br/setec/arquivos/pdf/uni_tec_inst_educ.pdf. Acesso em: 10 nov. 2017.

DUARTE, Clarice Seixas. A educação como um direito fundamental de natureza social. *Educação e Sociedade*, Campinas , v. 28, n. 100, p. 691-713, out. 2007.

DUARTE, Clarice Seixas. O Sistema Nacional de Educação (SNE) e os entraves à sua institucionalização: uma análise a partir da abordagem direito e política públicas. *Revista Estudos Institucionais*, v. 5, n. 3, p. 942-976, dez. 2019.

ECO, Umberto. *Como fazer uma tese*. Tradução: Gilson César Cardoso de Souza. São Paulo: Perspectiva, 2005.

EICHHORST, W.; PLANAS, N.; SCHMIDL, R. ; ZIMMERMANN, K. F. A road map to vocational education and training in industrialized countries. *Journal of Work and Policy*, v. 68, Issue 2, p. 314, 2015.

EPSTEIN, Lee; KING, Gary. *Pesquisa empírica em Direito*: as regras de inferência. São Paulo: Direito GV, 2013

FAUSTO, B. *História do Brasil*. São Paulo: Edusp, 2006.

FERES, Marcelo M. A contribuição do Pronatec para a expansão da educação profissional brasileira. *In:* CGEE. *Mapa da educação profissional e tecnológica*: experiências internacionais e dinâmicas regionais brasileiras. Brasília: Centro de Gestão e Estudos Estratégicos, 2015. p. 81-94.

PINHO, Angela. Gestão Dória e governo Bolsonaro dividem palanque, mas tucano não escapa de críticas. *Folha de S. Paulo*, 7 out. 2019. Acesso em: 18 nov. 2019.

FONSECA, Celso Suckow da. *História do ensino industrial no Brasil*. Rio de Janeiro: Escola Técnica Nacional, 1961.

FREIRE, Paulo. O compromisso do profissional com a sociedade. *In:* FREIRE, Paulo. *Educação e mudança*. Rio de Janeiro: Paz e Terra, 2007.

FREIRE, Paulo. *Pedagogia da autonomia:* saberes necessários à prática educativa. 51. ed. Rio de janeiro: Paz e Terra, 2015.

FREIRE, Paulo. *Pedagogia do oprimido*. Rio de Janeiro: Paz e Terra, 2005.

FRIGOTTO, Gaudêncio; CIAVATTA, Maria. Perspectivas sociais e políticas da formação de nível médio: avanços e entraves em suas modalidades. *Educação e Sociedade,* Campinas, v. 32, n. 116, p. 619-638, jul./set. 2011.

FRIGOTTO, G.; CIAVATTA, M.; RAMOS, M. A política de educação profissional no Governo Lula: um percurso histórico controvertido. *Educação e Sociedade*, Campinas, v. 26, n. 92. 2005.

GAINS, F.; JOHN, P. C.; STOKER, G. Path dependency and the reform of English local government. *Public Administration*, v. 83, n. 1, p.25-45, 2005.

GOMES, Ana Valeska Amaral. *O que podemos dizer sobre o PRONATEC?* Brasília, DF: Câmara dos Deputados, ago. 2016.

GRABOWSKI, Gabriel. *Financiamento da educação profissional no Brasil*: contradições e desafios. 2010. 167 f. Tese (Doutorado em Educação) – Faculdade de Educação, Universidade Federal do Rio Grande do Sul, Porto Alegre, 2010.

GRAMSCI, Antonio. *Americanismo e fordismo*. São Paulo: Hedra, 2008.

GRATH, Mc Simon. Vocational education and training for development: A policy in need of a theory? *International Journal of Educational Development*, v. 32, Issue 5, p. 623-631, 2012.

HABITZREUTER, Valdemar. *Intuição bergsoniana*: vivência da duração e abertura para a mística. 2011. Dissertação (Mestrado em Filosofia) – Programa de Pós-Graduação em Filosofia, Universidade Federal de Santa Catarina, 2011.

HALL, P.; TAYLOR, R. As três versões do neo-institucionalismo. *Lua Nova*, n. 58, 2003.

HERRERA FLORES, Joaquim. *A (re)invenção dos direitos humanos*. Tradução: Carlos Roberto Diogo Garcia, Antonio Henrique Graciano Suxberger e Jefferson Aparecido Dias. Florianópolis: Fundação Boiteux, 2009.

HESSE, Konrad. *A força normativa da Constituição*. Tradução: Gilmar Ferreira Mendes. Porto Alegre: Sergio Antonio Fabris Editor, 1991.

INSTITUITO BRASILEIRO DE GOGRAFIA E ESTATÍSTICA. *Estatísticas históricas do Brasil*: séries econômicas demográficas e sociais de 1550 a 1988. Rio de Janeiro: IBGE, 1990.

INSTITUITO BRASILEIRO DE GOGRAFIA E ESTATÍSTICA. *Pesquisa Nacional por amostra de domicílios contínua mensal*. Rio de Janeiro: IBGE, 2021.

IMERGUT, Ellen. O núcleo teórico do novo institucionalismo. *In*: SARAVIA, Enrique; FERRAREZI, Elisabete (org.). *Políticas públicas*. Brasília: ENAP, 2006. v. 1.

IMMERGUT, Ellen. The rules of the game: The logic of health policymaking in France, Switzerland and Sweden. *In*: THELEN, S.; STEINMO, K.; LONGSTRETH, F. (ed.). *Structuring Politics*: Historical Institutionalism in Comparative Perspective. New York: Cambridge University Press, 1992.

INGRAM, Helen; SCHNEIDER, Anne. Social construction of target populations: Implications for politics and policy. *The American Political Science Review*, v. 87, n. 2, p. 334-347, 1993.

KINGDOM, J. *Agendas, Alternatives and Public Choices*. Boston: Little Brown, 1984.

KIPNIS, Bernardo. Análise de políticas públicas para a educação profissional e tecnológica: uma aproximação conceitual na perspectiva da *policy network*. *In*: CUNHA, C., SOUSA, J. V.; SILVA, M. A. (org.). *Avaliação de políticas públicas de educação*. Brasília: Liber Livro, 2012.

KOMESAR, Neil K. *Imperfect Alternatives*: Choosing Institutions in Law, Economics and Public Policy. Chicago: Chicago University Press, 1994.

KONDER, Leandro. *O que é dialética*. São Paulo: Brasiliense, 2008.

KREIS, A. M.; CHRISTENSEN, R. K. Law and Public Policy. *Journal of Policy Studies*, v. 41, n. 1, p. 38-52, 2013.

KUENZER, Acácia Zeneida. O trabalho como princípio educativo. *Cadernos de Pesquisa*, São Paulo, n. 68, p. 21-28, 1989.

KUENZER, Acácia Zeneida. Reforma da educação profissional ou ajuste ao regime de acumulação flexível? *Trabalho, Educação e Saúde*, Rio de Janeiro, v. 5, n. 3, p. 491-508, 2007. DOI http://dx.doi.org/10.1590/S1981-77462007000300009. Acesso em: 20 jan. 2015.

KUNZE, Nádia Cuiabano. O surgimento da rede federal de educação profissional nos primórdios do regime republicano brasileiro. *Revista Brasileira da Educação Profissional e Tecnológica*, v. 2, n. 2, p. 8-24, jul. 2015. ISSN 2447-1801.

LEAL, Vitor Nunes. Capítulo 6 – Legislação eleitoral. *In:* LEAL, Vitor Nunes. *Coronelismo, enxada e voto*. 7. ed. São Paulo: Companhia das Letras, 2012.

LIRA, Alexandre Tavares do Nascimento. *A legislação de educação no Brasil durante a ditadura militar (1964-1985)*: um espaço de disputas. 2010. 367 f. Tese (Doutorado em História Social) – Faculdade de História, Universidade Federal Fluminense, Rio de Janeiro, 2010.

LOWI, T. American Business, Public Policy, Case-Studies, and Political Theory. *World Politics*, v. 16, Issue 4, p. 677-715, Jul. 1964.

MACHADO, L. R. S.; VELTEN, M. N. Cooperação e colaboração federativas na educação profissional e tecnológica. *Educação e Sociedade*, Campinas, v. 34, n. 125, p. 1113-1133, out./dez. 2013. DOI 10.1590/S0101-73302013000400006.

MACHADO, L.R.S. Qualificação do trabalho e as relações sociais. *In:* FIDALGO, Fernando Selmar (org.). *Gestão do trabalho e formação do trabalhador*. Belo Horizonte: MCM, 1996.

MANACORDA, M. A. *História da educação*: da Antiguidade aos nossos dias. 4. ed. São Paulo: Cortez, 1995.

MANFREDI, Sílvia Maria. *Educação profissional no Brasil*. São Paulo: Cortez, 2002.

MANFREDI, Silvia Maria. Trabalho, qualificação e competência profissional – das dimensões conceituais e políticas. *Educação e Sociedade*, Campinas, v. 19, n. 64, p. 13-49, set. 1999.

MANIFESTO dos Pioneiros da Educação Nova: 1932. *Revista Brasileira de Estudos Pedagógicos*, Brasília, v. 65, n. 150, p. 407-425, maio/ago. 1984.

MANTILLA, Gorki Gonzales. La enseñanza del Derecho como política pública. *Derecho PUCP*, v. 65, n. 285, 2010.

MARQUES, Eduardo. As políticas públicas na ciência política. MARQUES, E.; FARIA, C. (org.) *A política pública como campo multidisciplinar*. São Paulo: Editora Unesp; CEM, 2013.

MARIZ, Renata. Cortes no MEC afetam educação básica, anunciada como prioridade por Bolsonaro. *O Globo*, 06 maio 2019. Disponível em: https://oglobo.globo.com/sociedade/cortes-no-mec-afetam-educacao-basica-anunciada-como-prioridade-por-bolsonaro-23646433. Acesso em: 5 fev. 2021.

MARX, K.; ENGELS, F. Ideologia Alemã. São Paulo: Boitempo, 2007.

MARX, K.; ENGELS. *Textos sobre educação e ensino*. 5. ed. 1 reimpr. São Paulo: Centauro, 2004.

MARX, Karl. *Manuscritos econômico-filosóficos*. Tradução: Jesus Ranieri. São Paulo: Boitempo, 2010.

MARX, Karl. *O capital*. São Paulo: Boitempo, 2017. v. 1.

MASCARO, Alysson. *Estado e forma política*. São Paulo: Boitempo, 2013.

MEC. Pronatec, [2017]. Disponível em: http://portal.mec.gov.br/pronatec. Acesso em: 10 ago. 2017.

MÉSZÁROS, I. *Marx*: a teoria da alienação. Rio de Janeiro: Zahar, 1981.

MOLL, Jaqueline (org.). *Educação profissional e tecnológica no Brasil contemporâneo*: desafios, tensões e possibilidades. Porto Alegre: Artmed, 2010.

MORAES, Gustavo Henrique. Gustavo Henrique. *Educação tecnológica, formação humanista*: uma experiência CTS no Cefet-SC. 2008. Dissertação (Mestrado) – Programa de Pós-Graduação em Educação Científica e Tecnológica, Universidade Federal de Santa Catarina, Florianópolis, 2008.

MORAES, Gustavo Henrique. *Identidade de escola técnica* vs. *vontade de universidade*. 2016. 381 f. (Tese) Doutorado em Educação. Universidade de Brasília, Brasília, 2016.

MOURA, Dante Henrique. A relação entre a educação profissional e a educação básica na Conae 2010: possibilidades e limites para a construção do novo Plano Nacional de Educação. *Educação e Sociedade*, Campinas, v. 31, n. 112, p. 875-94, jul./set. 2010. DOI 10.1590/S0101-73302010000300012.

MOURA, Dante Henrique. Educação Básica e Educação Tecnológica: dualidade histórica e perspectiva de integração. *Holus*, Natal, ano 23, v. 2, 2007. Disponível em: http://goo.gl/tPBJV. Acesso em: 15 nov. 2015.

NOGUEIRA, Oracy. *Pesquisa social*. Introdução às suas técnicas. 2. ed. São Paulo: Companhia Editora Nacional, 1968. (Biblioteca Universitária, v. 26).

NORTH, D. *Institutions, Institutional Change and Economic performance*. Cambridge: Cambridge University Press, 1990.

NOSELLA, P. Ensino médio: em busca do princípio pedagógico. *Educação e Sociedade*, Campinas, v. 32, n. 117, p. 1051-1066, 2011.

OBSERVATÓRIO DO PNE, [2020]. Disponível em: https://www.observatoriodopne.org.br/metas. Acesso em: 12 mar. 2021.

OECD. *Education at a Glance 2018*: OECD Indicators. Paris: OECD Publishing. Disponível em: https://dx.doi.org/10.1787/eag-2018-en. Acesso em: 20 nov. 2019.

OLIVEIRA, Ramon de. *Agências multilaterais e educação profissional brasileira*. Campinas: Alínea Editora, 2006.

OLIVEIRA, Ramon de. *Globalização e as reformas do ensino médio profissional nos anos de 1990*. Curitiba: Instituto Federal do Paraná, 2014. (Coleção formação pedagógica, v. 4).

OS seis números que resumem os seis meses da educação na gestão Bolsonaro. *BBC*, 30 jun. 2019. Disponível em: https://www.bbc.com/portuguese/brasil-48699037. Acesso em: 20 nov. 2019.

PACHECO, E. M.; PEREIRA, L. A. C.; SOBRINHO, M. D. Institutos federais de educação, ciência e tecnologia: limites e possibilidades. *Linhas Críticas*, v. 16, n. 30, jan./jul. 2010.

PACHECO, Eliezer. *Os Institutos federais*: uma revolução na educação profissional e tecnológica. Brasília: MEC/SETEC, 2010.

PACHUKANIS, E. *Teoria geral do Direito e marxismo*. Tradução: Paula Vaz de Almeida. 1. ed. Boitempo: São Paulo, 2017.

PAULANI, Leda M. Neoliberalismo e individualismo. *Revista Economia e Sociedade*, Campinas, p. 115-127, dez. 1999.

PAUTASSI, L. C. La articulación entre políticas públicas y derechos, vínculos difusos. *In:* ERAZO, X.; MARTIN, P.; OYARCE, H. (ed.) *Políticas públicas para un Estado Social de Derechos*. El paradigma de los derechos universales (p. 89-116). Santiago de Chile: lom, 2009. v. 1.

PAVARINA, P. R. de J. P. Retornos crescentes, dependência da trajetória (*path dependence*) e o estudo da política – Paul Pierson. *Idéias*, v. 6, n. 2, p. 335-392, 2016.

PEREIRA, J. V.; AMORIM, R. de F. Dinheiro público, oferta privada: a dinâmica do financiamento e da oferta de educação profissional no Sistema S. *Fineduca – Revista de Financiamento da Educação*, Porto Alegre, v. 5, n. 9, 2015.

PIERSON, P. Increasing returns, path dependence and the study of politics. *The American Political Science Review*, v. 94, 2000.

PIERSON, P. *Politics in Time*: History, Institutions, and Social Analysis. Princeton: Princeton University Press; 2004.

PIMENTEL, F. C.; MORAES, R. A. A teoria do capital humano e a concepção produtivista na educação brasileira: EAD em foco. *Revista Contrapontos*, Itajaí, v. 17. n. 2, abr./jun. 2017.

PINTO, Álvaro Vieira. *O conceito de tecnologia*. Rio de Janeiro: Contraponto, 2008. v. 1.

PIRES, Roberto Rocha Coelho; GOMIDE, Alexandre de Ávila. Governança e capacidades estatais: uma análise comparativa de programas federais. *Revista de Sociologia Política*, Curitiba, v. 24, n. 58, p. 121-143, jun. 2016.

PLATAFORMA NILO PEÇANHA, [2021]. Disponível em: https://www.plataformanilopecanha.org/.

RIBEIRO, Andressa de Freitas. Taylorismo, fordismo e toyotismo. *Lutas sociais*, São Paulo, v. 19, n. 35, 2015.

RIBEIRO, Darcy. *O povo brasileiro*: a formação e o sentido do Brasil. São Paulo. Companhia das Letras, 2003.

RODRIGUES, José. Educação Politécnica. *In:* PEREIRA, Isabel Brasil; LIMA, Júlio César França (org.). *Dicionário de educação profissional de saúde*. Rio de Janeiro: Fundação Oswaldo Cruz, 2009.

ROUSSEFF, Dilma. Íntegra do discurso de posse da presidente Dilma Rousseff no Congresso. *Agência Câmara de Notícias*, 01 jan. 2015. Disponível em: https://www.camara.leg.br/noticias/448217-integra-do-discurso-de-posse-da-presidente-dilma-rousseff-no-congresso/. Acesso em: 10 abr. 2018.

SABATIER, P. A. The advocacy coalition framework: an assessment. *In:* SABATIER, P. A. (ed.). *Theories of the Policy Process*. Boulder: Westview Press, 1999. p. 117-166.

SABATIER, P. A. *Theories of the Policy Process*. 2. ed. Boulder: Westview Press, 2007.

SARAT, A.; SILBEY, S. The pull of the policy audience. *Law & Policy*, v. 10, p. 97-166, 1988.

SARI, Marisa Timm. A organização da educação nacional. *In:* LIBERATI, Wilson Donizeti. *Direito à educação*: uma questão de justiça. São Paulo: Malheiros, 2004.

SAVIANI, D. *Da nova LDB ao FUNDEB*: por uma outra política educacional. Campinas: Autores Associados, 2007.

SAVIANI, D. *Escola e democracia*: teorias da educação, curvatura da vara, onze teses sobre educação e política. 32. ed. Campinas: Autores Associados, 1999.

SAVIANI, D. O choque teórico da politecnia. *Trabalho, Educação e Saúde*, Rio de Janeiro, Fiocruz, 2003.

SAVIANI, D. O legado educacional no regime militar. *Caderno Cedes*, Campinas, v. 28, n. 76, p. 291-312, 2008.

SAVIANI, D. O trabalho como princípio educativo frente às novas tecnologias. *In:* FERRETTI, C. J. et al. (org.). *Novas tecnologias, trabalho e educação*: um debate multidisciplinar. Petrópolis: Vozes, 1994.

SAVIANI, D. O vigésimo ano da LDB. As 39 leis que a modificaram. *Revista Retratos da Escola*, Brasília, v. 10, n. 19, p. 379-392, 2016.

SAVIANI, D. Organização da Educação Nacional: sistema e Conselho Nacional de Educação, Plano e Fórum Nacional de Educação. *Educação e Sociedade*, Campinas, v. 31, n. 112, p. 769-787, jul./set. 2010.

SAVIANI, D. *Pedagogia histórico crítica*: primeiras aproximações. 8. ed. Campinas: Autores Associados, 2003.

SAVIANI, D. Sistema Nacional de Educação articulado ao Plano Nacional de Educação. *Revista Brasileira de Educação*, Rio de Janeiro, v. 15, n. 44, 2010.

SCOTT, J. *Seeing like a State*: How Certain Schemes to Improve the Human Condition Have Failed. Yale University Press, 1999.

SILVA, José Afonso da. O processo de formação da Constituição de 1988 (prefácio). *In:* LIMA, João Oliveira; PASSOS, Edilenice; RAFA, João. A *gênese do texto da Constituição de 1988*. Brasília: Senado Federal, 2013.

SKOCPOL, T. Bringing the state back in strategies of analysis in current research. *In:* EVANS, P.; RUESSCHMEYER, D.; SKOCPOL, T. (ed.). *Bringing the State Back in*. Cambridge: Cambridge University Press, 1985.

SOUZA, Matheus Silveira de; BUCCI, Maria Paula Dallari. O estado da arte da abordagem direito e políticas públicas em âmbito internacional: primeiras aproximações. *Revista Estudos Institucionais*, v. 5, n. 3, p. 833-855, dez. 2019. ISSN 2447-5467.

TAYLOR, Frederick Winslow. *Princípios de administração científica*. São Paulo: Atlas, 1987

TEIXEIRA, Anísio. *Educação não é privilégio*. 5. ed. CASSIM, Marisa (org.). Rio de Janeiro: Editora UFRJ, 1994.

TOLOTTI, Rodrigo. Bolsonaro diz no JN que trabalhador terá de escolher entre direitos e empregos. *Infomoney*, 28 ago. 2018.

TRUE, James L.; JONES, Bryan D.; BAUMGARTNER, Frank R. Punctuated-Equilibrium Theory: Explaining Stability and Change in Public Policymaking. *In:* SABATIER, Paul (ed.). *Theories of Policy Process*. Boulder: Westview Press, 2007.

"UNIVERSIDADE não é para todos", mas "somente para algumas pessoas", diz ministro da Educação. *UOL*, 30 jan. 2019. Disponível em: https://congressoemfoco.uol.com.br/educacao/universidade-nao-e-para-todos-mas-somente-para-algumas-pessoas-diz-ministro-da-educacao/. Acesso em: 16 jul. 2019.

VALLE, André F. P. *Notas introdutórias para o estudo político do setor financeiro brasileiro*. *In:* COLÓQUIO INTERNACIONAL MARX E ENGELS, 9., 2018, Campinas. *Anais* [...]. Campinas: CEMARX, 2018.

VARGAS, Getúlio. *A nova política do Brasil*. Rio de Janeiro: José Olympio, 1938. v. V.

VIDOR, Alexandre; REZENDE, Caetana; PACHECO, Eliezer; CALDAS, Luiz. Institutos federais: Lei nº 11.892/2008 – comentários e reflexões. *In:* PACHECO, Eliezer (org.). *Institutos federais*: uma revolução na educação profissional e tecnológica. Brasília: Editora Moderna, 2011.

VIDOR, Alexandre Martins; PACHECO, Eliezer Moreira; PEREIRA, Luiz Augusto Caldas. *Institutos federais*. Lei 11.892, de 29/12/2008. Comentários e reflexões. *In:* SILVA, Caetana Juracy Rezende (org.). Brasília, DF: 2009.

VILARINO, Marisa Alves. *Direito à educação*: competência legislativa e limites à atuação da União. Aspectos internos e internacionais. Orientadora: Maria Garcia. 2009. Dissertação (Mestrado em Direito) – Faculdade de Direito, Pontifícia Universidade Católica de São Paulo, São Paulo, 2009.

WILLIAMS, S; RAGGATT, P. Contextualising public policy in vocational education and training: The origins of competence-based vocational qualifications policy in the UK. *Journal of Education and Work*, v. 11, n. 3, p. 275-292, 1998.

WOLLINGER, Paulo Roberto. *Educação em tecnologia no ensino fundamental*: uma abordagem epistemológica. 2016. 198 f. Tese (Doutorado em Educação). Universidade de Brasília, Brasília, 2016.

WORLD INEQUALITY DATABASE (WID.org). *Brazil*, [2021]. Disponível em: https://wid.world/country/brazil/. Acesso em: 10 jan. 2020.

Esta obra foi composta em fonte Palatino Linotype, corpo 10
e impressa em papel Pólen Bold 70g (miolo) e Supremo 250g (capa)
pela Gráfica Formato.